KB122996

복종에
반대한다

복종에
WIDER DEN
반대한다
GEHORSAM

누구에게도 지배받지 않는 온전한 삶을 위해

아르노 그륀
김현정 옮김

더숲

이 세상의 명예는
결코 너의 명예가 될 수 없다.
진정으로 너를 일으키고 붙잡는 것은
네 안에 존재한다.

마음 깊은 곳에
당당한 버팀목이 없다면,
이 세상이 너에게 갈채를 보내든 안 보내든
그 모든 것이 너에게는 쓸모가 없다.

너는 헛된 것에
덧없는 칭찬이나 하루살이 명예를
베풀 수 있을지도 모른다.
하지만 네 앞에 존재하는 것,
그것이야말로 너의 신성한 성전일 것이다.

테오도르 폰타네 (Theodor Fontane, 19세기 독일 사실주의 문학의 거장)

차례

복종을 권하는 사회

표준화된 인물이란 합리적 문명의 결과물로, 사회가 원하는 순종 혹은 복종에 대한 관념적 사고가 만들어낸 것이다. 그 결과 문화의 틀 안에서 개인은 단순히 하나의 역할이나 지위로 격하될 위험에 늘 처해 있다.▪ 우리는 자기 자신을 아주 개인적이고 개별적인 존재라고 생각하기

▪ 어빙 고프만Erving Goffman, 2006

때문에 자신의 '페르소나'가 자아의 독자적 발달에 의해 생성되었다는 혼동을 한다. 하지만 니체는 그렇기 때문에 '이상적이고 완벽해' 보이는 세계야말로 거짓말이라고 간주했다. 그 세계는 '예'라고 말하는 사람들, 즉 자신을 부정하는 사람들로 이루어져 있기 때문이다.[■]

사람들은 복종하지 않으면 두려움을 느낀다. 그리고 그런 두려움 때문에 우리를 억압하려는 이들에게 순응한다. 두려움은 이 억압자와 결속해 그들의 위력과 멸시를 사랑이라는 이름으로 바꾸어버린다. 이러한 이유로 극우주의 성향의 통치자들이 특히 사회 변혁의 시기에 권력을 장악할 수 있다. 이러한 통치자는 복종을 기대하고, 복종을 자기 권력의 위대함을 드러내는 신호로 여기며 그것을 강화하려고 한다. 지금까지 이런 과정이 성공적이었다는 사실은 우리에게 시사하는 바가 크다. 이것은 다시 말해 우리 문화가 근본적으로 복종을 권하고 있다는 것이다.

복종은
우리 문화가 가진
근본적 문제다

[■]   니체, 『에케 호모Ecce Homo』, 1980

그런데 이러한 욕구에는 문화를 통해 생성된 병리가 반영되어 있다. 따라서 민주주의를 공고하게 하려면 가장 먼저 이러한 병리의 뿌리를 발견 해야 한다. 이때 필요한 것은 합리적인 프로 그램이 아니다. 복종을 권하는 사회구조를 근 본적으로 바꾸는 것이다. 복종을 권하는 구 조는 사회 곳곳에 늘 존재하고, 우리의 일상생활에서 큰 부분을 차지하고 있다. 그렇기 때문에 우리는 이를 전혀 인식하지 못한다. 미국의 작가 데이비드 포스터 월리스 David Foster Wallace는 이러한 실상을 다음과 같은 우화로 표 현했다.

복종은 공기와 물처럼 우리에게 아주 당연한 것이 되었다

어린 물고기 두 마리가 혜엄을 치고 가던 중 반대편에 서 오고 있는 나이 든 물고기와 우연히 마주친다. 나이 든 물고기는 두 어린 물고기에게 고개를 끄덕이며 "좋은 아침이구나. 오늘 물은 어떤가?"라고 묻는다. 두 어린

물고기는 계속 헤엄을 치며 간다. 그러다가 결국 한 물고기가 잠시 후 다른 물고기를 바라보며 묻는다. "그런데 도대체 물이 뭐야?"

이 우화에서 말하는 물이 바로 복종과도 같다. 어린 물고기가 물이 무엇인지 모르는 것처럼 우리는 복종을 전혀 인식하지 못한다. 심지어 우리가 복종으로 인해 현대판 노예나 하인이 되어가고 있는 사실을 부정한다. 자신을 옥죄는 족쇄를 전혀 느끼지 못하고 있는 것이다. 하인(노예) 근성과 복종에서 벗어나려는 싸움이 어려운 것은 바로 이러한 이유에서다.

1 우리는 끊임없이 복종하고 있다

복종은 다른 사람의 의지에 굴복하는 것을 말한다. 다시 말해 다른 사람의 힘에 지배를 받는 것이다. 복종은 아동기부터 이미 시작되는데, 그 시기는 아직 언어와 사고가 제대로 자리 잡지 못한 상태다. 그렇기 때문에 성장한 우리는 자신이 어릴 적에 복종한 사실을 전혀 기억하지 못하며, 복종을 참고 견디었다는 사실 역시 의식하지 못한다.

이처럼 의식 속에 깊이 뿌리박혀 있기 때문에 우리는 아무런 불만 없이 반사적으로 복종하고, 권위를 의심하지 않으며, 기존의 틀 속에서 집단적 사고를 하게 된다.

결국 스스로 생각하고 자기결정에 따라 행동하지 못하게 되는 것이다. 이러한 현상은 여러 문화권에서 발견된다.

우리는 끊임없이 복종한다. 다만 그 사실을 의식하지 못할 뿐이다

일본학술회의 회장이자 일본 국회의 사고 조사위원회 위원장인 구로카와 기요시(黒川清)는 2011년에 발생한 후쿠시마 원자력 사고에 대해 뜻밖의 입장을 밝혔다. 사고 발생 원인이 일본 감독관청의 입장과 원자력발전소 운영사인 도쿄전력Tepco의 입장이 같았기 때문이라는 것이다. "권위와 직권에 대한 무비판적인 복종이 일본 문화에 극도로 깊게 뿌리박혀 있는 듯하다."▪

▪   쾰링M. Koelling, 2012

많은 사람들이 동양 문화권인 일본의 복종 문화에 대해서는 인식하고 있지만, 서구 문화권에서 벌어지는 또 다른 형태의 복종에 대해서는 분명하게 알지 못한다. 사회심리학자 스탠리 밀그램Stanley Milgram의 실험과 연구 (1963년, 1975년)는 놀랍게도 서구 문화에서 맹목적인 복종이 우리가 인지하는 것보다 훨씬 더 크게 영향을 미치고 있음을 밝혔다. 밀그램은 미국의 코네티컷 주에서 실험을 실시했는데, 코네티컷 주는 1776년 영국에 대항해 최초로 반란을 일으킨 식민지로, 예전부터 민주적인 성향이 강한 지역이었다.

밀그램 실험과 여러 문화권에서의 복종

밀그램은 히틀러가 권력을 장악했던 제3제국 시기에 맹종이 얼마나 무분별하고 기형적으로 확산되었는지를 규명하고자 했다. 테오도르 아도르노(『권위주의적 성격 The Autoritarian Personality』, 1950)나 에리히 프롬(『자유로부터의 도피 Die Furcht vor der Freiheit』, 1941)의 사전 연구는 밀그램의 실험에 영감을 주었다. 미국의 중산층 시민으로 구성된 피실험자들은 실험자가 복종을 요구할 때 밀그램 자신도 놀랄 정도로 잔혹한 행동을 할 준비가 되어 있음을 보여주었다. 피실험자 중 65퍼센트는 별다른 반박이나 큰 이의 없이 과학적 권위가 있는 실험자의 지시를 따랐다.

이 실험에서 피실험자들은 교육적 목적을 위해 학습자에게 전기 충격으로 처벌을 가했다. 만약 학습자가 지시를 따르지 않거나 실수를 할 경우 전기 충격으로 고통을 주는 처벌이었다. 전기 충격을 받는 피해자의 역할은 연기자가 맡았다. 그런데 전기 충격을 당하는 연기자가 고통으로 큰 소리를 내거나 기절을 해도 대부분의 피실험자들은 계속해서 실험자의 요구에 응했다. 불과 세 명의 피실험자들 중 한 명꼴로 전기 충격 고문 행위를 거부했을 뿐이다. 밀그램의 실험은 독일을 포함한 수많은 국가에서 반복적으로 실시되었으며, 동일한 결과를 보여주었다.

우리는 이성적 사고를 통해 무비판적인 복종을 저지할

수 있을 것이라고 생각한다. 그런데 여기서 우리가 놓치고 있는 사실이 있다. 생각이나 사고가 중요한 것이 아니라는 점이다. 여기서 문제가 되는 것은, 아주 어린 시절부터 아버지나 어머니의 제압적인 힘을 통해 우리에게 깊이 뿌리박힌 하인 근성이다. 어린 우리는 어쩔 수 없이 이런 하인 근성을 따를 수밖에 없었으며, 부모가 우리에게 휘두르는 힘을 인식하지 못한다. 부모는 모든 것을 다 알고 있는 존재, 우리를 위해 최고의 것만을 바라는 친절한 존재이기 때문이다.

어린 시절 부모의 제압적인 힘을 통해 하인 근성이 깊이 자리 잡는다

그렇기 때문에 복종을 하고 있음에도 그것이 복종이라고 인식하지 못한다. 대부분의 사람들은 복종의 진실을 마주할 때에야 비로소 큰 위협을 느낀다. 그리고 이러한 위협을 인식함으로써 복종과 긴밀하게 연관된 아동기의 상황들을 떠올리게 된다. 사실 이러한 상황들은 불안과 공포를 유발하기 때문에 이때 사람들은 심리적으로 억압

됨을 느끼게 된다.

그런데 놀랍게도 인간은 위협과 공포를 느낄 때 위협을 가하는 존재와 자신을 동일시하는 경향이 있다. 더욱 놀라운 것은 위협을 당하는 사람이 가해자의 편에 서고 그를 위해 자신의 정체성을 포기한다는 사실이다. 그렇게 하면 자신을 위협으로부터 구할 수 있으리라고 기대한다. 하지만 그런 일은 결코 일어나지 않는다.

시인 라이너 마리아 릴케는 이러한 사실을 자신의 산문시 「코르넷 크리스토프 릴케의 사랑과 죽음의 노래Die Weise von Liebe und Tod des Cornets Christoph Rilke」에 담았다. 코르넷 릴케(릴케의 조상으로 추정된다)는 십자군 전쟁에서 무슬림 부대에 포위된다. 이 시에서 주인공은 자신을 향해 번쩍이며 달려드는 수많은 칼을 웃음을 터뜨리는 분수라고 느낀다. 이 장면이 보여주듯이, 우리는 자신을 위협하는 공포를 보지 않거나 아예 인식하지 않으려고 현실을 외면하고 스스로의 눈을 멀게 한다. 그 과정에서 우리는 자신을 위협하는 타자와 일치되었다는 환상을 가지게 되며, 정체성, 나아가 삶 자체를 상실하게 된다.

하이델베르크의 심신의학자 프리드요프 셰퍼Fridtjov Schaeffer의 연구 '병적 충성Pathologische Treue'이 1961년에 의학전문잡지 《네르벤아르츠트Nervenarzt》에 실렸다. 프리드요프 셰퍼는 이 논문에서 할머니에게 비인간적으로 학대와 고통을 당한 한 젊은 여성의 이야기를 다루면서, 그런 할머니를 향한 손녀의 충성이 얼마나 끔찍한 결과를 초래했는지를 이야기하고 있다. 할머니는 손녀의 인간적인 모든 감정을 손녀의 약점으로 보고 없애버리려 했으며, 결국 손녀도 자신의 감정을 부정하면서 억압하게 되었다.

손녀는 할머니가 이렇게 잔혹해진 이유는 할머니가 많은 일을 해야 했기 때문이라고 생각했다. 할머니의 일상은 손녀가 생각할 수 있는 유일한 척도가 되었다. 따라서 더 나은 것을 경험할 수 있는 모든 가능성이 손녀의 시야에서 사라졌다. 모든 생각들이 불안과 공포에 의해 점령당하고 있었기 때문이다. 이러한 충성은 무비판적인 복종으로 급변한다. 다시 말해 손녀는 할머니의 모든 감정을 자기 자신의 것으로 만들었다. 그럼으로써 자신이 처한 견디기 어려운 관계를 계속 유지하고 도덕적으로 정당화했으며 옹호했다.

우리는 살아가면서 이러한 도덕적 정당화를 마주할 때가 있다. 바로 우리를 억압하는 자를 편들 때다. 어떤 충성이든 그 이면에는 복종이 깔려 있다. 충성과 복종, 둘 다 권위에 근거를 두고 있지만, 사람들은 자신이 '자유롭게 선택한' 충성스러운 사람이라고 생각하고 느끼기 때문에 복종하고 있다는 생각을 하지 못한다. 이처럼 충성을 자신이 스스로 선택한 도덕적인 가치라고 느낌으로써 복종은 은폐된다. 그리고 우리를 충성하게 하는 도덕적 가치와 훌륭한 품성에 자발적으로 굴종하게 된다. 이러한 행동은 자신의 가치를 무가치하게 만들고 억압자의 무가치를 가치 있는 것으로 미화하는, 파괴적인 과정을 낳는다.

아주 오래된 이러한 메커니즘의 근원은 유아기에서 발견된다. 우리는 유아기 때 우리를 보살펴줌과 동시에 자기들의 의지대로 우리를 움직였던 어른에게 내맡겨졌다. 이 시기의 경험은 아동기에 생성되기 시작하는 모든 자아를 위협한다. 위협 속에서 자신의 의지가 꺾인 아동은 그때부터 권위에 대해 복종하게 된다.

아이는 복종을 요구하는 자와 자신을 동일시함으로써 혼란을 경험하며 성장에 어려움을 겪는다. 복종은 자기보다 힘이 더 강한 타인의 의지에 항상 굴복하는 것이다. 자신을 보살펴주는 사람에게 육체적·정신적으로 제압당하고 다른 누군가에게로 달아날 수 없게 됨으로써, 아이는 불안감에 사로잡히게 된다. 죽음에 대한 불안감이 아이에게 엄습하는 것이다. 부모가 아이에게서 손을 떼면 아이는 살아갈 수 없다. 다시 말해 아이가 지각하고 반응한 것에 대해 아무런 관심도 기울여주지 않는다면 아이는 살아남지 못한다. 결국 아이는 부모의 기대를 받아들임으로써 부모와의 결속 관계를 유지하게 된다. 이러한 과정에서 아이의 자발적인 인

복종은 아이의
자연적인 발달을
저해하고 중단시킨다

지력과 대처능력 속에 있을 '정신적 존재'는 흔적도 없이 사라지게 된다.

청소년기나 성인 초기가 되면 불안을 제어할 수 있는 단 한 가지 전략이 생긴다. 바로 우리를 압도하고 무력하게 만드는 죽음에 대한 불안, 그것을 무시하거나 분리시키는 것이다. 분리시킨다는 것은 자신을 위협하는 심리를 의식 밖으로 격리시킨다는 의미다.

불황으로 인해 경제적으로 위기를 겪을 때 사람들은 생계에 대한 불안과 위협을 느낀다. 그러면 분리시켰던 불안감이 갑자기 다시 의식 속으로 밀고 들어온다. 불안감이 다시 엄습하면 이것을 제어하기 위한 해결책을 찾아야 한다. 그 해결책으로 우리는 또다시 우리를 억압하

는 사람에게 굴복하게 된다. 이렇게 역사는 반복된다.

이러한 행위는 부모의 의지가 곧 권위였던 유아기로 우리를 다시 되돌려놓는다. 사람들은 고통에서 벗어나기 위해 자신에게 그 고통을 가한 자에게서 해결책을 찾는 것이다. 마르셀 프루스트는 이 사실을 아주 적절하게 표현했다. "사랑을 이어가기 위해서는 거짓말을 해야 하는 세상, 우리를 고통으로 몰아넣은 자들에게서 위로받아야 하는 세상에서, 우리가 어떻게 살아갈 용기를 갖겠는가?"

릴케는 바로 이 경험을 아주 설득력 있게 기술하고 있다. 우리는 권위에 억눌려 불안을 직시하지 못할 때가 많으며, 그 결과 자신을 가해자와 동일시하고 그의 폭력을 사랑으로 탈바꿈시킴으로써 가해자에게 굴복하게 된다는 것이다. 앞서 이야기했듯이 사회적 변혁이 일어나는 시대에 극우적이고 전체주의적인 통치자가 권력을 장악할 수 있는 것은 바로 이러한 이유에서다.

이 사실은 프랑스의 판사이자 작가인 에티엔 드 라 보에시Etienne de La Boétie가 이미 16세기에 자신의 저서 『자발적 복종에 대하여Discours de la servitude volontaire』에서 증명해 보였으며, 무수한 정치적 사건들을 통해서도 반복적으로 입증되었다. 한 예로, 마린 르 펜Marine Le Pen▪과 그녀가 이끄는 극우 정당인 국민전선Front National은 2014년 5월 25일 유럽의회선거에서 약 25퍼센트의 지지율을 얻어 프랑스에서 가장 강력한 정당이 되었다. 심지어 경제적으로 황폐한 지역의 노동자들 사이에서는 약 48퍼센트까지 지지표를 얻었다.

복종은 우리 문화에서 부정할 수 없는 한 양상이다. 복종이 초래한 정치적 결과는 병적 측면을 담고 있고, 우리 문화는 그런 병적 측면을 촉진한다. 그렇기 때문에 민주주의를 강화하려면 병적 측면의 뿌리, 즉 무비판적이며 맹목적인 복종을 약화시켜야 한다. 이를 위해서는 지

▪ 프랑스의 정치인이자 변호사로, 2011년부터 극우파 정당 국민전선의 총재를 맡고 있다. - 옮긴이

적이고 합리적 사고의 교육이 도움이 될 수 있다. 하지만 궁극적으로 중요한 것은 복종을 촉진하는 우리 문화의 구조를 변화시키는 것이다.

노벨문학상 수상자인 존 맥스웰 쿠체John M. Coetzee는 자신의 소설 『야만인을 기다리며Waiting for the Barbarians』에서 이렇게 질문한다. "물속의 물고기처럼, 하늘을 나는 새처럼, 그리고 아이들처럼 살아가는 것이 왜 불가능해졌을까?" 그는 이 질문을 통해 지금과 같은 문화에서는 진짜 삶을 사는 것이 불가능함을 암시한다. 지금의 문화는 우리의 감정을 처음부터 아예 퇴화시킴으로써 이성을 예찬할 뿐만 아니라 심지어 문제시하기 때문이다.

> 진짜 삶을 사는 것이 불가능한 사회가 되었다

우리는 쿠체의 지적처럼 지금 우리의 역사 속에서 살 수밖에 없다. 하지만 복종의 복잡한 양상을 잘 파악하고 자신의 사고를 스스로 지배함으로써 복종과의 경쟁에서 살아남는다면 이러한 역사에 반기를 들 수 있다.

우리는 끊임없는 생존 경쟁 속에서 살고 있다. 모든 것은 생존 경쟁으로 표현된다. 이 생존 경쟁의 목표는 자신에 대한 평가가 절하되지 않는 것, 무엇보다도 실패하지 않는 것이다. 그런데 '진짜 삶'이라는 것은 아주 불합리하다. 두려움을 잠재우거나 거부하면 인간에게서 원초적 생명력을 찾을 수 없게 되기 때문이다. 사랑과 느낌, 인간적 동정을 표현하는 삶 대신, 그 자리에 무력감에 대한 불안이 끊임없이 똬리를 튼다. 그리고 그 불안감에서 벗어나기 위해 사람들은 공격자와 자신을 동일시한다.

정신분석학자 윌리엄 질버베르크William V. Silverberg는 이런 현상을 정신분열성 조작Schizoid Manöver이라고 표현했다 (1947). 이 세상에 기댈 곳이 없다고 느끼는 사람은, 이런 무력감을 안겨준 세상을 부정하려는 경향이 있다. 하지만 동시에 이렇게 거부했던 세상을 미화함으로써 자신의 것으로 만들려고 노력하기도 한다. 이렇게 세상과 하나가 되

사랑과 느낌,
인간적 동정을 표현하는
삶 대신 무력감만이
생겨난다

면 그저 상상에 불과할 뿐인데도 자신의 존재가 안전해
진다고 생각한다. 현실을 미화하는 것, 히틀러나 스탈린,
마오쩌둥, 조지 부시와 같은 정치지도자들의 파괴적 환
상을 자기의 것으로 받아들이고 동일시한 것은 바로 이
러한 이유에서다.

2 복종은 어떻게 우리 안에 자리 잡는가

앞에서 언급한 것처럼 우리는 이미 유아기 때부터 불안과 그에 따르는 고통에서 멀리 벗어나기 위해 비정상적인 행동을 해왔다. 아이는 자신을 억압하는 사람, 자신을 공격하는 사람을 미화하기 시작하며, 그 사람을 자신과 동일시해야 하는 대상으로 삼는다.

아이뿐만 아니라 어른도 감금이나 고문과 같은 상황에서라면 이러한 과정을 겪을 수 있다. 아르헨티나의 출판인이자 저널리스트인 자코보 팀머맨Jacobo Timerman은 아르헨티나 독재 치하에서 고문을 당했음에도 고문을 가한 자와 사랑에 빠진 여성들을 연구했다(1982). 나이지리아 시인 월레 소잉카Wole Soyinka 역시 독재자였던 야쿠부 고원Yakubu Gowan 장군 치하의 나이지리아 상황에 대해 이와 비슷한 내용을 언급했으며, 미국 예일대 역사학과 교수인 조너선 스펜스Jonathan D. Spence도 비슷한 현상에 대해 기술한 바 있다(1996). 스펜스에 따르면, 중국의 정치범 수용소에 갇혔던 정치범들은 자신이 굶주림으로 죽을 뻔했던 것이 고문자의 탓이 아니라, 자신의 책임이라고 확신했다고 한다.

헝가리 정신의학자 샨도르 페렌치Sándor Ferenczi는 1932년 공격자와 자신을 동일시하는 과정에 대해 연구했다. 이 연구는 부모가 아이의 자존감을 위한다는 명목으로 아이의 의존성을 자신에게 유리하게 이용하는 일이 우리 사회에 얼마나 만연해 있는지 보여주었다. 페렌치는 아이들이 부모의 권위에 휘둘리면서 무력화되는 현상을 다음과 같이 설명했다.

아동은 육체적, 정신적으로 의지할 데가 없다고 느끼며 인격적으로 성숙하지 못했으므로, 자신의 이런 생각이 틀린 것이라고는 상상조차 하지 못한다. 그렇기 때문에 부모의 강압적인 힘과 권위 앞에서 아무 말도 하지 못하고, 심지어는 분별 능력마저 상실하고 만다. 이러한 힘과 권위에 대한 두려움이 극에 달하면 아이는 자동적으로 공격자의 의지에 굴복하고, 공격자가 원하는 것을 찾아내 자발적으로 따르게 된다. 또 자기 자신을 완전히 잊어버린 채 자신을 공격자와 전적으로 동일화하는 단계에 들어선다.

이러한 과정을 통해 아이는 자기의 지각과 감정을 불신하기 시작한다. 이때 복종이 팽배한 모든 문화에서 발견되는 현상이 발생한다. 그것은 불안감 속에서 어른과 자신을 동일시한 아이가 마음속에 죄책감을 가지기 시작한다는 것이다. 아이는 어른에 대한 죄책감을 내면화시키고, 그렇게 함으로써 어른에게조차 불가능한 일들을 떠맡게 된다.

또 다른 현상도 생겨난다. 바로 그 죄책감이 부모와의 애착관계를 강화시킨다는 것이다. 죄책감은 자기 힘으로 부모와의 관계를 개선시킬 수 있다는 그릇된 희망을 아이에게 심어주기 때문이다.

죄책감을 느끼는 것이 쓸모없다는 것을 알면서도, 아이에게는 구원의 방책이 된다. 다시 말해 죄책감은 견디기 어려운 압박적 상태에서 빠져나올 수 있는 유일한 방법인 것이다. 하지만 여기에는 모순이 담겨 있다. 한편으로 우리는 죄책감을 부인하지만, 다른 한편에서는 그 죄책감이 잠재의식 깊은 곳에서 우리를 거부하고 처벌하는 부모와의 관계를 구축한다는 점이다. 그리고 이것이 우리의 존재를 만들어나간다.

우리는 자신에게 잘못이 있다고 끊임없이 생각함과 동시에 우리에게 부여된 책임을 떨쳐버리지 못한다. 그러나 죄책감은 우리를 복종시키는 수단일 뿐, 책임을 떠안는다고 해서 죄책감에서 해방될 수 없다. 그 책임이 복종의 수단이 아니라, 우리에게 진짜 죄책감을 가져다준다고 해도 마찬가지다. 이러한 죄책감은 우리의 자존감을 떨어뜨릴 뿐이다. 이렇게 열등감을 느끼게 되면 분노와 공격성, 폭력성과 같은 감정들까지 생겨난다.

> 죄책감은 자존감을 떨어뜨리고, 복종의 수단으로 사용된다

야콥 바서만Jacob Wassermann은 자신의 소설 『마우리치우스 사건Der Fall Maurizius』에서 이렇게 기술하고 있다. "선과 악은 사람들 사이의 교류에서 결정되는 것이 아니라, 오로지 나와 타인의 교류 속에서만 결정된다." 잘못을 떠안

는다는 것은 우리 자신과 주위 사람들에 대해 책임진다는 의미다. 그렇기 때문에 책임을 지는 것은 자기 자신이 가치 있는 존재가 되는 전제조건이 될 수 있다. 아무도 책임지려 하지 않는다면 자기 잘못을 견디기 어려워 항상 남에게 전가하는 사람들만 생겨날 것이다.

그러나 앞에서 언급한 할머니와 손녀의 사례에서 보듯이, 그와 같은 경우에는 진정한 책임의식 대신 의무이행이 자리 잡는다. 그런데 의무이행은 복종과 관련이 있다. 의무를 의식적으로 수행하려고 하는 사람은 부모를 비롯한 다른 권위적 인물이 만들어놓은 자신의 이미지에 충실하려고 한다. 권위적 인물의 기대에 부응하면 확인과 인정이라는 보상을 받기 때문이다. 그러면 그 역할에 충실하는 것이 삶의 목표가 되어버린다.

역할을 위해 연기하는 사람은 죄책감을 느끼는 것이 올바른 행동이 아니므로 죄책감이 가치가 없다고 생각한다. 올바른 행동은 책임이 뒤따르는 것처럼 보이지만, 이

것은 책임을 실제로 떠맡는 것과는 별개의 문제다. 그 이유는 여기서부터 '자유를 향한 내적 감정'과 '권력에 대한 불복종'을 동일시하는 생각이 자리 잡기 때문이다. 이와 동시에 우리는 그 이면에 도사리고 있는 불안과 그에 따른 고통의 진짜 원인을 밝혀줄 수 있는 모든 것을 피하고 증오한다.

이처럼 비정상적인 발달과정을 겪은 사람들은 진실을 밝히고 진정한 사랑으로 이끌 수 있는 모든 것을 증오할 뿐만 아니라, 파괴하려고까지 한다. 그렇기 때문에 복종은 그저 맹목적이고 무비판적인 순종이 아니라, 인간을 소외시키는 감정과 정체성이 집약된 역학구조를 가지고 있다.

3   한 개인이 마주하는 소외와 폭력의 역사

복종의 원인은 소외와 직접적으로 맞닿아 있다. 우리 자신을 타자로 만드는 폭력이 소외를 불러오고 소외는 복종을 강요하기 때문이다. 개인이 경험하는 폭력의 정도가 그 사람이 어느 정도로 권위에 예속되는지를 결정한다.

타인의 감정 상태를 자각하지 못하도록 소외시키는 현상은 앞서 말한 것처럼 유아기에 이미 시작된다. 이러한 사실은 1934년에 히틀러가 국가사회주의여성동맹 앞에서 한 연설에서도 분명하게 나타난다. "각 아동이 하나의 전투다."■ 히틀러의 이 끔찍한 발언은 갓난아이와 부모 사이에 '타고난 적대감'이 존재한다는 사실을 분명하게 드러내고 있다. 이는 서구 문화권에서 오늘날까지도 논쟁의 여지가 없을 정도로 사실로 인정받고 있다.

전쟁과 같은 사회화 과정 속에서 갓난아이는 부모의 의지를 따를 수밖에 없다. 아이는 자라면서 자신이 원하는 것과 누리고 싶은 것에 전념하지 못하도록 부모에게 저지당한다. 아이와 부모의 이런 갈등은 결코 피할 수 없으며, '아이의 행복'을 위해 부모가 참고 견딤으로써 갈등이 해소된다.

> 전쟁과 같은 사회화 과정 속에서 갓난아이는 부모의 의지를 따를 수밖에 없다

■ 챔버라인Chamberlain, 1997

시그리드 챔버라인Sigrid Chamberlain은 자신의 저서 『아
돌프 히틀러, 독일 어머니와 그녀의 맏아들Adolf Hitler, die
deutsche Mutter und ihr erstes Kind』(1997)에서 나치
독일의 공식적 교육방식이 미치는 병리적
영향을 비판적으로 서술하고 있다. 챔버라
인은 나치 독재가 통치권을 영원히 남기려

아이와 부모의
천성적 관계는
아이의 미성숙한 의지를
막는 권력싸움이다

고 벌였던 시도에 대해 중요한 연구를 했다. 그녀는 소위
모든 대규모 문명사회에서 전형적으로 나타나는, 심지
어 감춰진 형태로 나타나는 이러한 이데올로기를 이야기
하고 있다. 즉 아이와 부모 사이의 천성적 관계는 아이가
'미성숙한' 의지를 밀고나가지 못하도록 막는 권력싸움
이라는 것이다.

그런데 여기에는 은폐되어 있는 사실이 있다. 이것은
'교화'가 아니라, 아이의 의지를 꺾고 아이를 복종시켜
부모의 지배권을 확장시키기 위한 것이라는 사실이다.
아이는 이러한 사회화 과정을 겪으면서 강자에게 복종해

야 한다는 사고가 마음속 깊이 고착된다. 하지만 이런 과정은 아이로 하여금 자신의 욕구와 소망, 감정에 대해 아예 처음부터 침묵하도록 만들 때에만 가능한 것이다.

지그문트 프로이트 역시 챔버라인이 이야기했던 이데올로기 속에 갇혀 있었다. 아동기를 우리 사고의 중심으로 옮겨놓은 그의 사고가 매우 혁신적이었음에도 불구하고, 그는 부모와 아이 사이의 '피할 수 없는' 싸움에 대한 생각에 사로잡혀 있었다. 프로이트는 모든 아동이 보편적인 충동에 지배받으며 무분별하게 자신의 쾌락을 만족시키려 한다고 확신했다. 그러므로 아이들의 쾌락 추구로 인해 다른 사람들이 피해를 입지 않도록 그 충동을 저지시키는 것이 우리 문명이 해결해야 할 과제 중 하나라고 보았다.

물론 히틀러와 프로이트의 견해를 똑같이 취급할 수는 없다. 하지만 두 사람의 견해에는 한 가지 공통점이 있다. 아이가 자기만의 시도나 노력을 하게끔 내버려두면 그 아이는 사회에서 위험한 존재가 될 수도 있다는 생각이다.

자신의 통치권을 영원히 남기기 위한 나치의 시도는 지금까지 영향을 미치고 있지만, 역사의 발전 과정에서 본다면 그다지 인정받지 못하고 있다. 나치의 의사였던 요한나 하러Johanna Haarer는 1937년에 『독일 어머니와 그녀의 맏아들Die deutsche Mutter und ihr erstes Kind』이라는 저서를 출간했다. 책에서 그녀는 아이가 자신의 감정과 욕구를 낯설게 느끼도록 만들어야 한다는 나치 교육법의 이데올로기적 토대를 제공했다. 책에서 말하는 근본적 골자를 짧게 요약하자면, 갓난아이와 유아는 일반적으로 무절제한 성향을 갖고 있다는 것이다. 그녀의 말에 따르면 아이들은 만족할 줄 모르고 응석을 부리려고 하며, 끊임없이 관찰이 필요하기 때문에 보호자가 뒤를 따라다녀야 한다. 이렇게 함으로써 어른을 수고스럽게 만든다는 것이다.

아기는 재미삼아, 혹은 뭔가 원하는 것이 있을 때 소리를 지르고 성질을 부리며 한참 동안 조르는 기질이 있다. 사람 말을 잘 따르려 하지 않으며, '어른'이 원하는 대로 하려고 하지 않는다. 오히려 어른을 시험하려 하고, 반항하며 폭군 노릇을 한다. 또한 천성적으로 깨끗하지 않고 지저분하고 더러우며, 자기한테 쥐어진 모든 것으로 여기저기 칠하고 낙서한다.

하러에 따르면, 부모가 자기 아이의 특성에 대해 가장 많이 하는 말이 "지저분하다, 더럽다, 욕심이 많다, 변덕스럽다, 다 때려 부수려고 한다" 등이다. 또한 아이는 자신의 충동을 만족할 줄 모르기 때문에 끊임없이 쾌락을 따르려고 한다. 프로이트 역시 이와 같은 견해를 가지고 있었다.

바로 이러한 특성이 증오의 대상이 생기면 그들을 파괴하고 굴복하게 만든다는 사실에 주목해야 한다. 그 대상이 유대인, 신티와 로마족Sinti und Roma,■ 중국인, 가톨릭 교도, 크로아티아인, 세르비아인, 체코인, 공산주의자든 상관없이 말이다.

내가 진료한 한 환자의 사례는 이러한 교육법이 어떻게 구체적으로 한 인간의 인성구조를 파괴하며 복종하게 만드는지를 잘 보여준다. 지질학자였던 이 50대 환자는 자신의 아버지에 대한 이야기를 들려주었다. 그의 아버지는 자발적으로 나치 친위대에 들어가 군인이 된 사람이었다. 아버지는 어린 아들인 그에게 지나칠 정도로 매우 권위적이었고, 정해진 행동에서 조금이라도 벗어날 경우에는 체벌을 했다. 아버지는 아내에게도 폭력적으로 행동했으며 무시하는 언행을 일삼았다. 어머니는 아들을 결코 보호해주지 않았다. 딱 한 번, 그가 일곱 살이었을 때 남편이 몹시 화가 나서 아들을 때려죽일 것 같다는 생각

극도로 권위적인 아버지는 어떻게 복종을 강요하게 되는가?

■ 집시를 말한다. 집시의 주요 그룹은 세 집단으로 구분되는데, 발칸반도와 헝가리에 거주하는 로마족, 독일의 신티족, 남프랑스와 스페인, 포르투갈에 모여 사는 칼레족이다.

에 아들을 보호해준 게 전부였다. 복종적이고 항상 순종적이었던 아들은 어른이 되어서도 자신의 아버지에 대해 의심을 품을 때면 매우 큰 죄책감에 시달렸다.

그럼에도 불구하고 이 환자는 언제부터인가 자신이 이 세상과 뭔가 맞지 않다는 것을 느꼈고, 스스로 정상이 아닌 것 같다는 생각이 들어서 치료를 받으러 오게 되었다고 했다.

그는 아주 오래전부터 아이를 낳지 않겠다는 결심을 가지고 있었다. 아이들이 우는 소리를 들을 때마다 화가 치밀어오른다고 했다. 이는 어린 시절 스스로에게 뭔가를 강요할 때 이렇게 울었던 경험이 있기 때문이었을 것이다. 아이의 울음소리를 들으면 몹시 분노가 치밀어서 아이를 벽에다 내팽개칠지도 모른다는 두려움마저 생겼다고 고백했다. 이런 상황까지 가도록 내버려둘 수는 없었다.[*] 자신이 느끼는 고통 때문에 다른 사람에게까지 피해를 주고 싶지 않았다.

---

[*]   아르노 그륀Arno Gruen, 2000

그런 고통에도 불구하고 그는 무의식적으로 자신을 계속 아버지와 동일시하며 살아왔다. 다시 말해 갓난아기였던 그가 울었을 때 보인 아버지의 반응이 현재 그가 아이의 울음소리에 대해 보이는 반응으로 그대로 나타나고 있는 것이다. 아버지의 분노는 마음속에서 다시 살아나 자신의 분노가 되어버렸다. 아버지의 분노를 완전히 자신의 것으로 내면화시킨 것이다.

아버지의 분노를 자신의 것으로 만들며 내면화시키게 된다

이러한 동일화는 구스타프 비코브스키Gustav Bychowski가 '받아들이기Introject'라고 말한 심리구조로 설명할 수 있다. 이것은 아동의 발달단계 초기에, 즉 언어가 발달되기 이전의 나이에 이미 형성된다. 생애 초기의 몇 달 동안 감정적 인지와 욕구를 인정받지 못하면 아이는 자신의 정체성을 발달시키지 못한다. 그렇게 자기 존재를 인정하지 못하면 어머니나 아버지의 기대를 자신의 것으로 만들게 된다. 이와 같은 과정을 겪으며 자란 갓난아기는,

자신의 존재를
인정받지 못하면
죽음과 견줄 만큼의
무력감이 생긴다

나중에 어른이 되어서도 부모님을 비롯한 다른 누군가에게 인정받지 못하는 것을 마치 죽음처럼 느낀다.

미국의 저명한 심리학자인 윌리엄 제임스William James는 1905년에 발표한 논문에서 사람은 자신의 존재를 인정받지 못하면 죽음과 견줄 만큼의 무력감이 생긴다고 설명했다. 또한 신경학자 월터 캐논Walter B. Cannon은 '부두 죽음Voodoo Death'에 대한 획기적인 연구에서 분노의 억압이 죽음으로 이어질 수도 있음을 보여주었다.

바로 이러한 일이 갓난아기와 유아에게도 일어난다. 그들의 욕구, 즉 그들의 존재를 인정받지 못할 때 그렇다. 아이는 자신의 존재를 인정해주지 않는 부모와 어쩔 수 없이 결속 관계를 형성하기 위해 자신의 분노를 억압하고, 부모의 기대를 자신의 기대로 만들어버린다. 그렇게 되면 인류학자 빅터 터너Victor W. Turner(1967)가 기술한 바와 같이, 타자에 의해 규정되는 정체성을 갖게 되는 것이다. 타자에 의해 규정되는 '정체성'은 앞서 언급한 '받아들이기'에서 생겨나는 정체성이다. 이러한 정체성에 의심을 품을 경우 당사자는 위협을 느끼며, 부모의 기대를 자신의 것으로 만들고 이를 방어하기 위해 무슨 일이든지 하게 된다.

4 타인의 정체성을 파괴하는 사람들

존재를 인정받지 못한 채 성장기를 겪은 사람들은 자신의 고유한 정체성을 가지고 있지 못한다. 나아가 이들은 타인에 대한 공감을 갖고 있고 자신만의 안정적인 정체성을 지닌 사람들을 무너뜨리는 데 관심을 쏟는다. 대표적인 예로 나치는 인간적인 사람들에게서 그들의 정체성을 앗아가는 데 몰두했다. 나치 수용소의 참혹한 만행은 육체적인 가학에만 그친 것이 아니었다. 그보다 더 우위에 있던 목표는 사람들의 인간적인 품위와 주체성을 파괴시키는 것이었다. 자신의 진짜 정체성이 없는 사람들은 자기가 가지고 있지 않은 것을 다른 사람에게서 빼앗을 수밖에 없다. 그들은 분을 풀기 위해 다른 사람들의 정체성을 파괴시킨다.

나치 수용소의 목표는 인간적인 품위와 정체성을 파괴시키는 것이었다

프랑스의 시인 로베르 데스노스Robert Desnos는 강제수용소에서 다음과 같이 썼다. "나는 당당하게 살았다. 하지만 자주 쫓겼다. … 가면을 쓴 노예들 사이에서 나는 자유로웠다. … 살아 있는 당신들은 그 부를 가지고 무슨 짓을 했던가? … 두려워하지 말라, 나는 죽었으니까 … 내 정신과 육체는 아무것도 살아남은 것이 없다."

나치의 비밀경찰로 리옹의 학살자로 불리며, 프랑스의 저항운동가 장 물랭Jean Moulin을 죽음으로 몰고 간 고문관

이었던 클라우스 바비Klaus Barbie는 이러한 현상을 잘 보여준다. 부모에게서 인정받지 못했던 그는 자신의 정체성을 타자이자 적으로 만들었고, 이를 다른 사람에게 투영시켰다. 자신의 정체성이 부모와의 유대관계를 위협했기 때문이었다. 바비는 스코틀랜드의 저널리스트이자 작가인 닐 애셔슨Neal Ascherson과의 인터뷰에서 다음과 같이 말했다. "장 물랭을 심문했을 때 나는 그가 나 자신인 것 같은 느낌이 들었다." 말하자면, 고문관인 자신이 피해자에게 가했던 포악한 행위가 어떤 면에서는 극악무도한 자기 자신에게 가한 행위였던 것이다.

인간이 다른 사람을 괴롭히고 굴욕감을 느끼게 만드는 이유를 이해하기 위해서는 먼저 그 자신의 내면에 있는 어떤 점을 혐오하고 있는 것은 아닌지 알아봐야 한다. 다른 사람에게서 찾고 있는 적은 사실 원래부터 자신의 마음속에 있다. 이것은 우리 마음을 이루고 있는 한 부분이지만

타자에 대한 증오는 언제나 자기증오와 관련이 있다

이에 대해 인정하는 것은 어려운 일이다. 그리고 이러한 경우, 예전에는 인간적 성향을 지니고 있었다는 사실을 떠올리게 만드는 우리 안의 타자를 없애버리려고 한다. 어린 시절 죽음에 방치되지 않기 위해 부모의 존재를 나 자신의 존재로 만들면서 그들의 기대에 순종하며 자라왔기 때문이다.

비코브스키가 말한 '받아들이기'는 복종의 결과물로서, 이는 우리 정체성이 끊임없이 복종을 하게 만드는 치명적인 구조로 이어진다. 전 나치 지도자이자 히틀러의 동지였던 헤르만 라우슈닝Hermann Rauschning은 히틀러가 다음과 같이 말했다고 회고했다. "유대인은 우리 안에 있다. 하지만 보이지 않는 악귀를 없애기보다는 그 육신의 형상을 없애는 것이 더 쉽다." 유대인은 히틀러가 자신 안에서 쫓아낸 인간적인 부분이었고, 그는 이런 인간적인 부분을 대대적으로 파괴시키려 했던 것이었다.

히틀러의 과대망상적 발언, "유대인은 우리 안에 있다"

한 여성 환자가 나를 찾아온 적이 있다. 그녀의 아버지는 나치친위대 고위 장교로 전쟁에서 목숨을 잃었고, 어머니는 요한나 하러의 나치 교육방식을 따라야 한다는 의무감을 가지고 있는 사람이었다. 그녀는 자신이 겪은 교통사고에 대해

복종의 또 다른 형태, 고통을 억압하기

이야기했다. 전력질주를 하던 고급 리무진 한 대가 그녀가 타고 있던 차의 운전석 쪽으로 돌진해온 사고였다. 사고를 낸 사람은 상대의 목숨을 위태롭게 했는데도 그녀의 상태를 걱정하지도, 죄책감을 느끼지도 않았다. 그녀가 크게 다치지 않은 것은 정말로 큰 천운이었다. 그러나 그녀는 상담을 시작한 처음에는 사고에 대한 이야기를 전혀 입 밖으로 꺼내지 않았다.

대신 전날 밤 끔찍한 위경련을 겪었고, 죽을지도 모른다는 두려움을 느꼈다는 말만 했다. 같은 날 밤에 그녀는 베개에 대한 꿈을 꾸었다고 했다. 그녀가 베고 있던 베개를 빼내자 그녀의 뇌가 밖으로 흘러내리는 꿈이었다. 나

는 그 전날 무슨 일이 있었냐고 질문했다. 그때에도 그녀는 교통사고 이야기를 슬쩍 흘리듯 언급했을 뿐이었다. 나는 그녀가 사고 직후 어떤 느낌이 들었는지를 알고 싶었다.

그녀는 이렇게 대답했다. "아무 느낌도 없었어요. 뭔가 예사롭지 않은 상황에 처하면 저는 늘 병원에 오랫동안 누워 있던 지인을 생각해요. 그러다 보면 뇌가 모든 것을 서서히 없애버리죠. 그리고 더이상 고통이 느껴지지 않아요."

"'고통'이요?" 그러자 그녀가 대답했다. "네, 고통이요. 제 딸이 우연히 저에게 전화를 했고, 딸에게 사고 이야기를 했어요. 딸은 곧바로 제가 괜찮은지 묻더라고요. 저는 딸이 제게 그렇게 물어봐줘서 가슴이 뭉클했어요."

나는 더 알고 싶었다. "그리고 또 어떠셨나요? 고통은요? 당신을 그렇게 위험한 상태에 처하게 해놓고도 아무렇지도 않았던 그 남자에게 화가 나지 않았나요?"

그러자 그녀가 대답했다. "아니요, 저는 제가 고통스러워하지 않을 거라고 확신했거든요."

"글쎄요. 그런데 그날 밤 고통과 두려움을 다시 느꼈잖아요. 이것이 그 사고와 무관하지는 않을 것 같은데요."

나는 그녀가 꿈속에서 흘러내린 뇌를 보고 어떤 느낌이 들었는지를 물었다.

"차가웠어요." 그녀가 말했다. 잠깐 말을 멈춘 후에 그녀가 말했다. "제가 이 생각을 스스로 하지 못했다는 것이 놀랍네요." 그녀는 '차가운 뇌'가 자신의 인생을 상징하는 것이었음을 곧바로 인식하지 못했던 것이다.

"그게 그렇게 간단한 문제만은 아니에요. 당신은 자신의 고통을 항상 '차갑다'고 생각할 수밖에 없었을 거예요. 당신의 어머니가 당신이 그렇게 하기를 바랐고, 당신은 순종해야 한다고 배웠던 거죠. 제게 자주 이야기했잖아요. 두려움이나 고통이 느껴질 때 어머니에게 분노가 생긴다고 말이에요."

"네, 맞아요. 어린 시절 저는 고통을 드러내지 않을 때 칭찬을 받았어요. 저의 의붓아버지가 제 손에 생긴 사마귀를 잘라낸 적이 있어요. 아이스 스프레이만 뿌려서 얼얼하게 만든 상태에서요. 그때 저는 열 살이었는데, 눈썹 하나 까딱하지 않았어요. 그런데 아버지가 좀 이상해졌어요. 냉기가 완전히 몸속에 파고들었나 봐요. 아버지는 몸을 떨기 시작했어요. 그런데 저는 그 모습을 보고 왠지 고소하다는 생각이 들었어요(자신의 감정이 전환되는 사례). 반면 사고를 낸 그 남자는 꿈쩍도 하지 않았죠."

내가 물었다. "당신은 어땠나요? 화가 나지 않았나요?"

그녀가 말했다. "아니요, 누군가 자기에게 접근할 여지를 주면 나약해지게 되어 있어요. 어릴 때 제가 고통을 느끼면 어머니는 늘 이렇게 말씀하셨죠. '그렇게 엄살 부리지 마라!' 어머니는 히틀러와 악수를 한 번 한 적이 있었는데, 늘 그것을 자랑스럽게 여기셨죠."

내가 말했다. "그렇죠. 당신의 어머니에게 히틀러는 강자이자 우상이었죠. 그런 어머니 아래서 자란 당신은 자신의 고통을 인정하면 안 된다고 배우며 자랐던 거예요. 그렇게 해야 한다고 당신 마음속에 깊이 각인된 거죠. 교통사고를 당했을 때조차 당신은 침착했어요. 하지만 당신은 사고 당시의 두려움을 그날 밤에 경험한 거예요. 사고와 완전히 단절된 상태에서요."

그녀가 말했다. "저는 어릴 때 제 고통을 드러낸 날에는 저녁을 먹지 못했죠. 그냥 빵하고 물만 먹었어요. 그래서 두려움과 제 고통을 숨기기 위해서 거짓말을 자주 했죠. 그런데 어머니는 거짓말을 하고 남을 속이는 사람은 교수형에 처해질 거라고 늘 말씀하셨어요."

'저는 큰 소리로 울 수가 없었어요. 두려움과 고통이 느껴져도요.'

그럼에도 그녀는 감정이라는 것을 가지려고 하지 않았다. 그녀는 늘 어머니의 지시에 복종했다.

그것은 그녀가 어떤 고통도 느끼면 안 된다는 뜻이었다. 두려움은 너무 컸고, 공포는 매우 끔찍했다. "저는 큰 소리로 울 수가 없었어요. 두려움과 고통이 느껴져도 말이에요. 그런데 어머니는 늘 좋은 말만 해주셨어요. 어머니는 늘 이렇게 말했죠. '우리는 너를 위해 최고의 것만 해주려고 하는 거야'."

많은 사람들이 자신의 두려움과 고통을 인식하지 못한다

그녀는 강하다는 것은 고통을 느끼지 않는 것이라는 이데올로기를 가진 어머니와 자신을 동일시했다. 사랑과 다정함, 부드러움을 향한 그녀의 소망과 욕구는 낯선 것이 되어버렸다. 그녀는 이 낯선 것을 오직 외부를 향해서만 투영하고 자신이 가지지 못한, 다른 사람들에게만 존재하는 이것을 경멸했다.

이 환자의 사례는 복종의 근원을 구체적으로 보여준다. 아이는 부모의 권위가 지닌 위협적인 냉혹함에 저항할 수 있는 능력이 없다. 부모는 아이의 감정을 나약하고 무가치하다고 단정하기 때문에 아이는 그런 부모로부터 자기 고유의 감정, 자신의 본질을 수치스럽게 여기도록 배운다.

이렇게 부모는 아이가 자신의 감정이나 고통을 느끼는 것에 대해 죄책감을 가지도록 만들고, 그 결과 아이는 자존감을 상실한 인격체로 자라난다. 자존감 상실은 복종의 원동력, 다시 말해 부모의 명령을 자신의 것으로 내면화시키는 원동력이 된다.

밀그램의 실험에서도 나타났듯이, 많은 사람들은 자신이 두려움과 고통에 빠져 있다는 사실을 스스로 인식하지 못한다. 두려움과 고통을 허용하고 받아들이는 순간부터 자신이 나약하고 무시당해도 되는 존재라고 여기게 된다. 하지만 결코 그렇게 생각해서는 안 된다.

증오와 소외화의 형태로 나타나는 복종의 기원은 우리 내면의 타자를 만들기 시작하는 과정에서 찾을 수 있다. 우리는 복종함으로써 자신의 감정과 자각을 포기하게 된다. 정체성이 발달하는 과정에서 자기감정과 자각을 포기하도록 강요받게 되면 오늘날 우리가 일반적으로 알고 있는 심리학 이론과는 완전히 다른 방식으로 정체성이 발달하게 된다. 말하자면 권위에 매달리는 것이 삶의 기본원칙이 된다. 권위를 증오하면서도 자신을 그 권위와 동일화시키는 것이다. 그 외에는 살아남기 위한 다른 방도가 전혀 없기 때문이다. 이처럼 권위에 매달리기 위해 자신의 본질을 억누르면 증오와 공격성이 생겨난다. 문제는 이런 증오와 공격성의 대상이 억압자가 아닌, 다른 희생자를 향한다는 것이다.

왜곡된 발달과정에서 전형적으로 나타나는 현상은 자신이 희생자라는 사실을 부인하는 것이다,

그 이유는 바로 자신의 고통과 괴로움이 과거에 자신을 나약하고 무가치하다고 느끼게 만든 요인이었기 때문이다. 이러한 피해의식은 무의식적으로 가해자가 되는 밑바탕이 된다. 이 과정을 거치면서 견고해진 복종은 사회적 관습이 되고, 사회는 계속 병들어간다. 우리는 모두 복종이라는 사회적 관습을 어느 정도 무의식적으로 따르고

있지만, 누구도 이를 병폐로 인식하지 않는다.

이면에 꼭꼭 숨어 있는 심리적 공포를 현실로 받아들이기란 쉬운 일이 아니다. 우리는 누구나 공포를 부정해야 한다고 배워왔다. 공포를 현실로 받아들여야 한다는 것을 이성적으로는 잘 알고 있지만, 공포가 너무 큰 나머지 대부분의 사람들은 마치 공포를 거부해야 한다고 배운 것처럼 생각한다.

쿠르트 마이어Kurt Meyer의 아버지는 나치 무장친위대 사단장으로, '철갑 마이어'라는 악명 높은 별명을 가지고 있었다. 마이어의 저서 『목이 잘려나갈 때 울다Geweint wird, wenn der Kopf ab ist』(1998)는 처벌이나 보상, 굴욕감을 통해 복종을 강요했던 부모의 진실에 다가가는 것이 얼마나 어려운 일인지를 잘 보여주고 있다.

우리는 하겐 시립공원을 산책하고 있었다. 이 공원에는 지금까지도 전우기념비가 세워져 있으며, 기념비 주변에는 작은 돌담이 빙 둘러 에워싸고 있다. 기념비에는 두 차례의 세계대전에서 목숨을 잃은 전사자의 이름과 '전사한 아들들에게'라는 의례적인 글귀가 새겨져 있다.

열두 살이었던 나는 이 돌담 위로 기어올라가야겠다는 생각을 했다. 나는 상상해보았다. 아버지는 오른손에 지팡이를 들고 길을 걷고, 나는 돌담 위로 올라가 아버지와 나란히 걸어가는 모습을. 그러면 아버지와 나의 키가 똑같겠지. 이제는 더이상 정확히 기억나지 않는다. 아버지가 어느 쪽 손을 들어올렸는지, 나의 어느 쪽 뺨을 때렸는지 말이다. 아버지는 내가 전우기념비 돌담에 올라가 걸었다는 이유로 내 뺨을 때렸다. 나는 매우 수치스러웠다. 그날 이후로 나는 한동안 아버지와 말을 하지 않았다.

> 복종을 강요했던 부모의 진실에 다가가는 것은 고통스러운 일이다

그런데도 쿠르트 마이어는 다른 구절에서 이렇게 적고

있다.

나와 아버지는 하나다!

나는 … 부모님과 친구, 가족의 사랑을 잃고 싶지 않다.

나는 믿음과 신뢰를 사람들과의 관계에서 경험했고,

또 아버지의 동료와 친구를 통해서도 경험했다.

*이 책에서 쿠르트 마이어는 아버지에게 직접 말하는 문체로 글을 쓰고
있다.

쿠르트 마이어는 인간적인 모습이라고는 전혀 찾아볼
수 없었던 아버지에 대한 자신의 마음이 어떤 것인지를
알기 위해 매우 고민했다. 그는 아버지의 잔학한 만행을
잘 알고 있었을 뿐만 아니라, 아버지의 죄가 얼마나 큰지
도 인식하고 있었다. 그럼에도 불구하고 어릴 적부터 마
음속에 자리 잡고 있던 아버지에 대한 공포심을 직시하
기가 너무나도 어려웠다.

자신의 과거, 자신의 피해의식에서 완전히 단절된 사

람에게 이것은 거의 불가능한 일인데, 그 이유는 이미 다른 사람의 정체성을 자신의 것으로 받아들이고 있기 때문이다. 사람들은 자신이 주체적이고 독립적이며 신뢰할 만한 사람이라고 생각한다. 하지만 사실은 소수의 몇몇 사람들만이 실제 자신의 정체성을 바탕으로 주체적이고 독립적이며 신뢰할 만한 사람이 될 수 있을 뿐이다.

아이는 사랑에 대한 믿음이 절실한 나머지 현실을 뒤바꾸기도 한다

부모가 만들어놓은 이미지와 현실 사이에서 발생하는 모순을 아이가 어떻게 극복할 수 있겠는가? 아버지가 사랑한다는 말을 하는 이유가 사실은 자기 말을 잘 듣게 하기 위해서라는 사실을 아이가 어떻게 직시할 수 있겠는가? 아이는 사랑에 대한 믿음이 절실하게 필요한 나머지 그것을 위해 실제로 자신이 처한 현실을 뒤바꾸기도 한다.

쿠르트 마이어는 어른이 된 후에야 아버지에게는 항상 '아버지가 하고 싶은 것', '아버지가 원하는 것', '아버지

가 우리에게 하라고 시킨 것' 즉, 아버지의 '의지'와 '입장'이 가장 중요했다는 사실을 알게 되었다. 그 뒤에 숨겨진 냉정함을 아이가 어떻게 인식할 수 있었겠는가? 아이는 계속 살아가기 위해서 자신이 보호받고 있다는 안정감과 온기가 필요하다. 한없이 깊은 공포와 절망으로부터 스스로를 지킬 수 있는 것은 오직 자신이 사랑으로 보살핌을 받고 있다는 확신뿐이다.

쿠르트 마이어가 다섯 살이었을 때 그의 아버지는 아들에게 수영을 가르치는 방법을 서면으로 작성하여 어머니에게 주었다.

내가 말한 대로 쿠르트에게 수영을 가르쳐주었소? 쿠르트는 이제 충분히 자랐으니 그의 몸에 밧줄을 묶어서 물속에 던지시오. 살려달라고 소리쳐도 신경 쓰지 마시오. 비명을 지르면 쿠르트의 폐가 더 튼튼해질 테니 말이오.

우리 아이들은 '매를 맞아 마땅하다는 사실을 알아야' 하오. 이 아이들은 '쓸모 있고 행실이 바른' 인간 사회의 구성원이 되도록 교육받아야 하오. … 아이들을 혼내면서 가르치시오. 그리고 왜 혼을 내는지 그 이유를 아이들에게 알려주시오. 그러니 더이상 긴말하지 마시오.

그의 아버지는 엄격함밖에 모르는 사람이었다. 아들의 교육을 걱정한다는 미명 하에 그가 내세우고 주장한 것은 그저 혼자만의 감상에 빠져 있는 것에 지나지 않는다. 이런 감상은 사랑이라는 감정과는 전혀 무관하다. 오히려 그 이면에는 냉정함과 아이가 처한 곤경에 대한 무관심이 숨겨져 있을 뿐이다. 이런 아버지에게 중요한 것은 자기연출이다. 자기애에 빠져 그저 자신의 역할만을 내세우며 우쭐대고 있을 뿐이다. 책에서 마이어는 이러한 아버지의 인정을 얻으려고 애쓰는 순종적인 어린 소년의 모습을 보여준다.

나치 무장친위대 사단장이었던 쿠르트 마이어의 아버지와 같은 사람들은 '명예', '충성', '무조건적 헌신'을 중요하게 여겼다. 그렇기 때문에 그것들을 매우 당연하게 생각하며 다른 사람에게도 요구했던 것이다.

왜곡된 사랑, 미화되는 권위

데이비드 레비David Levy는 독일인 83명을 대상으로 제 3제국이 붕괴된 직후 아버지의 권위에 대한 그들의 생각에 관해 조사했다.[■] 이 조사에서 응답자의 93퍼센트는 다음과 같은 진술에 그렇다고 대답했다. "아버지의 말은 집안에서 필연적인 법이 되어야 한다." 그런데 잘못된 충성

[■] 베르트람 샤프너Bertram Shaffner, 1948

심은 실제 자신이 느끼는 감정을 뒤바꿔놓

"아버지의 말은
집안에서 필연적인
법이 되어야 한다"

기도 한다. 이럴 경우 사람들은 자신을 억압
자와 동일시하고, 오히려 억압자의 부당한
언동을 좋은 쪽으로 해석하게 된다. 위의 조
사에서 한 응답자는 다음과 같이 이야기했다.

어렸을 때 아버지를 이상할 정도로 무척 존경했어요.
아버지를 사랑했다기보다 두려워한 것이 맞는 것 같아
요. 한번은 아버지가 저에게 장작더미를 뛰어넘어보라
고 시켰어요. 저는 아버지가 시킨 대로 했죠. 그런데 땅
에 떨어지면서 발목을 삐고 말았어요. 아버지가 저에게
다가오더니 뺨을 때렸어요. 아버지는 아주 엄한 분이셨
거든요. 아버지는 우리를 사랑했지만, 한 번도 사랑한다
는 것을 내색한 적이 없었어요. 지금 생각해보면, 아버
지가 남자라서 사랑을 표현하기가 어색했기 때문이 아
니었을까 해요.

이 응답자는 자신의 아버지를 사랑이 넘치는 따뜻한 사람으로 미화하고 있다. 하지만 위에 언급된 장작더미 사건을 보면 사랑이 넘치는 아버지라고 하기에는 정황이 전혀 맞지 않는다.

앞에서 프리드요프 셰퍼의 연구대상이었던 젊은 여성의 사례와 마찬가지로, 병적 충성이 실제 그가 느꼈던 감정을 뒤바꿔놓은 것이다. 아이는 자신의 믿음이 무너져 내렸다는 고통을 안고 살아가지 못한다. 그렇기 때문에 자신의 고통을 반대의 것으로 탈바꿈시킨다. 만약 이 아이에게 또다시 고통이 가해지면 아이는 그 고통을 '사랑스러운' 것으로 감지하게 된다. 이 경우 아주 어릴 때부터 사랑이라는 감정이 왜곡되는 것이다.

복종으로 인해 자기 자신과 자신의 경험을 부정해야하는 상황에 처할 때, 사랑은 왜곡된다. 존 부시넬John Bushnell의 연구는 이 사실을 보여주는 가장 좋은 사례 중 하나다. 그는 반정부 운동과 폭동이 러시아 전역으로 확산되었던 1905~1906년의 혁명시기 동안의 러시아 군대를 연구했다. 존 부시넬은 자신의 저서 『탄압 속의 반란Mutiny amid Repression』(1985)에서 러시아 군대가 그때그때 상황에 따라 반란을 일으키기도 하고, 또 반대로 반란 가담자들을 진압하기도 했다고 기술하고 있다. 1905년 1월~10월에 반란자들을 진압했던 군대가 그해 10월말~12월초에는 폭동을 일으켰다. 그리고 1905년 12월말에 다시 민간인을 향해 총구를 겨누었고, 1906년 5월~6월에 또다시 폭동을 일으켰으며 1906년 6월말에 세 번째로 반란자들을 진압하는 행동을 했다. 같은 군인들이 자신의 행동을 잇달아 바꾸고, 폭동과 충성이라는 상반된 행위를 몇 번이나 반복했던 것이다.

병적 충성은 독일인만의 특성이 아니다

부시넬은 그의 저서에서 군인들이 이렇게 급작스럽게 행동을 잇달아 바꾼 이유가 그들이 받았던 대우나 정치적 견해와는 아무 관련이 없다고 했다. 그들이 누구를 권위적인 인물로 간주했느냐, 이것이 가장 결정적이며 유일한 척도였다. 다시 말해 그들에게는 오로지 권위만이 자신의 자존감을 지킬 수 있는 버팀목이었던 것이다. 그들은 옛 정권이 명을 다했다고 생각하면 폭동을 일으켰고, 아직 지휘권이 살아 있다고 생각하면 민간인을 탄압했다.

이렇게 볼 때 단순히 사회구조가 붕괴되었을 때 폭동이 일어나는 것이 아니라, 복종할 만한 권위나 평화를 유지할 수 있는 힘이 아직 존재하느냐의 여부가 폭동이 일어나는 중요한 척도라고 할 수 있다. 그 과정에서 더이상 자기 정체성은 존재하지 않으며, 그때그때의 권위에 자신을 굴복시킬 뿐이다. 병적 충성의 악순환은 이렇게 완성된다.

> 폭동은 단순히 사회구조가 붕괴되었을 때 일어나는 것이 아니다

이러한 병적 충성은 미화된 권위, 또는 그 권위를 대변하는 자와 자신을 동일시할 때에만 유지될 수 있다. 미화

된 권위와 자신을 동일시하는 사람은 자기 자신을 증오하며, 이 증오심을 다른 사람에게 전가한다. 그렇기 때문에 과거에는 좋은 것, 선한 것이라고 여겼던 것이라도 상황이 바뀌면 그것을 향해 포악한 무법 행위를 저지를 태세를 갖추고 있다.

타인을 향한 증오는 포기할 수밖에 없는 자기 정체성을 향한 증오다

승자의 편에 있다는 느낌, 지배자 민족에 속한다는 느낌과 같은 정복감은 자신의 복종 행위 이면에 숨어 있는 열등감으로부터 벗어나는 데 가장 뛰어나고 적합한 수단이다. 모든 극우주의 움직임 뒤에는 열등감이라는 요소가 존재한다. 그들을 움직이게 하는 결정적 원동력은 사상이 아니라, 바로 이 열등감이다. 사람들이 복종하는 이유는 자신을 억압하는 권력을 통해 구원받기를 원하기 때문이다. 또한 타인을 향한 증오는 복종 때문에 포기할 수밖에 없었던 자기 정체성을 향한 증오다. 그 대상이 유대인, 터키인, 베트남인, 폴란드인, 중국인, 장애인, '무가치한' 생명,

그 무엇이든 상관없다. 자신이 확실하게 살아남으려면 어쩔 수 없이 억압자의 권위와 하나가 되어야 하고, 그러기 위해서는 복종을 해야 한다.

역사학자 크리스토퍼 브라우닝Christopher R. Browning은 이러한 병리와 증오를 함부르크의 101 예비경찰대대의 행동 연구를 통해 매우 설득력 있게 기술하고 있다. 101 예비경찰대대는 나치에게 점령당한 폴란드에서 소위 말하는 '궁극적 해결Final Solution'*에 가담했다. 브라우닝은 101 예비경찰대대 대원들에 대해 평판이 좋은 평범한 중년의 아버지들이었다고 묘사하고 있다. 이들은 대부분 함부르크의 노동자 계층 출신으로, 결혼을 하고 가정을 꾸려가던 사람들이었다. 그들은 유대인 학살 임무를 맡겠다고 자발적으로 나서지 않았으며, 처음에는 유대인을 살해하라는 상부의 명령을 무조건 따르지도 않았다.

전투가 시작되자 세 부류의 집단이 생겨났다. 첫 번째 핵심 집단은 얼마 지나지 않아 매우 적극적으로 유대

---

* 나치가 홀로코스트를 완곡하게 순화시킨 표현으로, 유대인 학살을 지칭한다. - 옮긴이

인을 살해하기 시작했다. 이 집단보다 좀 더 많은 대원이 속했던 두 번째 집단은 유대인 거주지역인 게토를 철거하고 총살을 이행했다. 하지만 자발적으로 솔선하지는 않았다. 심지어 이들 중 몇몇 대원들은 희생자를 살려주기도 했다. 그리고 전체의 2퍼센트도 안 되었던 마지막 세 번째 집단은 명령을 이행하지 않고 학살을 거부했다.

첫 번째 학살 행위를 개시하기 전, 사령관은 500명의 대원들에게 유대인 학살 계획을 위해 일치단결할 것을 강력하게 호소했다. 그리고 그는 이례적인 제안을 했다. 유대인 학살 임무를 수행하지 못할 것 같은 사람들은 앞으로 나오라고 한 것이다. 대원 한 명이 앞으로 나오자 그 뒤로 열두 명이 더 나왔다. "대부분의 대원들은 대열에서 이탈하여 명령에 어긋나는 행동을 당당하게 하지 못했다. 그것보다 총살을 수행하는 것이 더 쉬웠다."

브라우닝은 이처럼 대원들의 '동지적' 유대관계가 중대한 판단을 내리는 데 결정적인 역할을 했다고 강조했

다. 대원들은 '나약하다'는 낙인이 찍힐까 봐 두려워했
다. 브라우닝은 이렇게 말했다.

> 평범한 사람들이 타인의 의지를 집행하기만 하는 타
> 율 상태에 빠진다. 이때 그들은 자신의 행동에 대해 개인
> 적인 책임이 있다고 느끼지 않는다. 단지, 선한 행위에
> 대해서만 책임을 느낄 뿐이다.

동참의식은 복종을 촉진시키는 동시에 은폐한다. 다시
말해 '선한 행위'는 평범한 사람들에게 환
상을 갖게 하며, 그들은 자발적 의지로 이런   복종에 동참하는
선한 행위를 한다. 그런데 그들이 품은 진   평범한 사람들의
짜 감정에 대해 물으면 그들은 뭐라고 대답   진짜 감정은 무엇일까?
할까? 그 대답은 매우 참담하다. 그들은 아무것도 느끼지
않으며, 심지어 이 사실을 알고 있기까지 하다.
　독일의 마지막 황제였던 빌헬름 2세는 오일렌부르크

Eulenburg 후작에게 어렸을 때의 기억을 털어놓았다.[*] 빌헬름 황제는 자신이 받은 교육법을 생각하면 마음이 괴롭다고 했다. 특히 어머니의 사랑이 부족했고, 그의 가정교사는 자기에게 잘못된 교육방식을 시도했다고 말했다. 그는 이렇게 기억한다.

"잘못된 교육방식은 내 안의 모든 서정성을 죽였다."

> 가정교사는 나를 자기가 생각하는 이상적인 후작으로 만들려고 했다. … 나는 다른 사람들이 괴로움을 느끼는 상황에서 전혀 아무것도 느낄 수가 없었다. … 다른 사람에게는 있는 어떤 것이 나에게는 없었다.

복종이라는 굴레는 평생을 옭아매며 따라다닌다. 제2차 세계대전 당시 독일군 장교였던 하인리히 폰 트로트 추 솔츠Heinrich von Trott zu Solz는 나치 무장친위대였던 아버지를 회고하며 쓴 쿠르트 마이어의 저서를 읽고 매우 공

---

[*] 크리스티안 그라프 폰 크로코Christian Graf von Krockow, 『마르크 브란덴부르크 기행Fahrten durch die Mark Brandenburg』, 1991

감하며 다음과 같은 후기를 썼다.

쿠르트 마이어는 아버지의 지배영역 안에서 자기 편견의 한계에 부딪힌 것 같다. 쿠르트 마이어의 아버지, 즉 나치 무장친위대의 사단장이었던 '철갑 마이어'의 생애, 그리고 그가 살았던 시대를 비판적으로 다룬 이 책의 정치적 성격은 아주 명확하다. 이 책은 전후세대가 지닌 일반적인 문제를 현실적으로 다루고 있다. 그리고 아버지에 대해 깊이 각인된 기억 속에서 자신의 입지를 명확히 정하기가 쿠르트 마이어에게 얼마나 어려운 일이었는지도 잘 드러나 있다.

복종은 자신의 본질을 타자로 만들고, 부모의 모습을 있는 그대로 인지할 수 없도록 만드는 과정 속에 깊이 뿌리박고 있다.

이러한 문제는 어머니 또는 아버지와의 관계에서만 나

타나는 것이 아니다. 오늘날 우리는 자신이 합리적이라고 크게 착각하고 있다. 하지만 실상은 그렇지 않다. 자신의 본질을 일상적으로 부정하는 일이 우리 문화에서 말하는 '정상적인' 삶을 살기 위한 중요한 요소가 되어버렸다. 즉, 우리를 있는 그대로 직시하는 것이 우리에게 어려운 일이 되었다. 진실을 마주하는 것에 대한 두려움에 사로잡혀 있기 때문이다. 이 사실을 인식하기 위해서 지금과는 완전히 다른 방식의 정신병리가 필요하다. 그러나 지금 사회는 이처럼 일상적인 부정에 잘 적응하면서 우리 문화 속에서 성공적으로 행동하는 사람들을 '정상적'이라고 분류한다.

자율성 발달을 주제로 한 다음의 두 연구 사례는 우리가 인간적인 성향으로 발달할지, 아니면 자기소외의 성향으로 발달할지 그 진로가 일찌감치 확정된다는 사실을 보여준다. 헬렌 블루폴Helen Bluvol과 앤 로스캄Ann Roskam은 미

오늘날 우리는
자신이 합리적이라고
크게 착각하고 있다

국의 한 인문계 고등학교에서 두 가지 연구(1972)를 실시했다. 그들은 두 부류의 학생 집단을 조사했다. 한 집단은 학업성적이 매우 우수한 학생들로, 부모의 야망에 순종적으로 적응한 학생들이었다. 또 다른 집단은 학업성적이 중간 정도인 학생들로, 이들은 성공에 특별한 관심이 없었으며 부모의 기대에 부응해야 한다는, 즉 복종해야 한다는 압박감이 없었다.

첫 번째 집단에서는 인정받으려는 강한 욕구가 두드러지게 나타났다. 이 학생들은 통상적인 행동규범에서 벗어났다는 느낌을 받으면 불안감을 드러냈다. 또한 부모를 독자적이고 분리된 사람들로 인지하지 못했으며, 부모나 교사와 같은 권위적 인물을 미화하려는 경향이 있었다. 반면 성공에 큰 관심을 보이지 않았던 두 번째 집단은 부모를 미화시키지 않고, 좋은 면과 나쁜 면을 모두 지닌 현실적인 인물로 묘사했다.

그런데 놀랍게도 부모를 미화한 첫 번째 집단의 학생

들에게서 동급생을 열등하다고 여기는 경향이 매우 크게 나타났다. 그렇게 해야만 그들은 자신이 '자율적'이라고 느낄 수 있었다. 바로 이 지점에서 복종의 영향력을 확인할 수 있다. 성공과 보편적으로 바른 행동을 지향하고, 사회체제에서 일반적으로 인정받은 규범을 따름으로써 부모의 강압적인 기대에 가장 잘 부응한 첫 번째 집단의 학생들은 자신이 독립적인 사람이라고 생각했다. 특히 다른 사람을 흉보고 무시할 때 그렇게 느꼈다. 이처럼 사람들은 대개 다른 사람에게 존재하는 자기 자신을 처벌할 때(동시에 무의식적으로 자기 자신 안의 타자도 함께 처벌한다) 자유의 감정을 느낀다.

복종적인 사랑은 타인을 지배하고 비방해야만 자유를 느낀다

그 결과 두 가지 잘못된 방향으로 흘러가게 된다. 첫째, 복종하는 사람과 성공지향적인 사람은 야심을 자기소외와 결합시킨다. 일반적인 야심은 '자기 자신과의 싸움'이라고 할 수 있으므로 자신의 가능성을 넓히고 뛰어

82

넘게 할 수도 있다. 그런데 야심이 복종하는 것에 그 목표를 두면, 자기소외의 길로 이어지게 된다. 둘째, 이러한 잘못된 흐름 속에서는 '자율성'이 왜곡되고 감정 상태를 완전히 일그러뜨린다. 다시 말해 타인을 지배하고 비방함으로써 자유의 감정을 느끼는 것이다. 그렇게 하면 자신이 희생자라는 생각에서 벗어날 수 있기 때문이다.

예수회 신부였던 폴 르죈Paul Le Jeune은 1632~1633년 겨울에 캐나다의 퀘벡 근교에서 몽타녜-나스카피 Montagnais-Naskapis 인디언 부족에게 기독교의 가르침과 계명을 설교하기 위해 몇 달 동안 머물렀다. 그의 기록은 복종을 요구하는 종교가 어떤 결과를 야기하는지 인상적으로 보여주고 있다.[*] 그의 기록을 보면 기독교로 개종한 인디언들은 곧바로 처벌 대상이 될 희생자를 찾기 시작했다. 르죈은 한 인디언이 "삶 자체보다 기도를 더 믿었고, 기도를 포기하느니 차라리 죽는 편이 낫다"고 했던 것을 기

복종을 요구하는 종교는 어떤 결과를 가져오는가

---

[*]　리콕Leacock, 1981

록하고 있다. 또한 르죈은 다음과 같이 외치는 아이들에 대해서도 언급하고 있다. "우리는 복종하지 않는 자들을 처벌한다!" 개종한 인디언들은 이렇게 말했다. "우리는 신이 복종을 사랑한다고 배웠다. 우리는 프랑스인들이 어떻게 복종을 수행하는지 알고 있다. 프랑스인들은 복종을 거부하는 자를 벌하는 것이 미덕이라고 말하며, 신에 대해 아주 큰 경외심을 품고 있다."

이들이 말하는 믿음의 상태란 더이상 자신이 살아 있음(생명성)을 느끼고 경험하면 안 되는 것과 같다. 마치 '자기발견'을 하면 안 된다는 원칙을 강제로 따르기라도 하듯이 자신의 본질은 희생된다. 이런 원칙을 따르면 자신이 선량하고 믿음이 깊은 사람처럼 느껴지며, 권위를 가진 존재가 자신을 받아줄 것이라고 생각하기 때문이다. 더이상 느끼고 경험하는 것이 허락되지 않은 스스로의 생명성은 이렇게 희생양이 된다. 이는 말하자면 자기 심리의 한 부분이 타자, 즉 권위로 대체되는 것과 같다.

그러면 자기의 본질은 낯선 것이 되어 쫓겨나게 된다.

이렇게 자기의 본질이 낯선 것이 되면 고통과 두려움에 접근할 통로를 잃게 된다. 고통과 두려움은 억압자의 숨겨진 의도를 드러내 보여준다. 억압자는 이러한 고통과 두려움을 용납하지 않기 때문에 고통과 두려움은 억제해야 하는 것이 되어버린다. 분쟁이 벌어지는 많은 지역에서 자주 어린 군인이 선호되는 것은 바로 이러한 이유에서다. 어린아이에게서는 고통과 두려움을 쫓아내기가 수월하기 때문이다.[■]

> 전쟁에서 어린 군인을 선호하는 것은 고통과 두려움을 쫓아내기 쉽기 때문이다

오스트리아 출신의 50세 환자는 자신의 아버지와 관련해 열두 살이었을 때 경험한 이야기를 내게 들려주었다. 티롤 지방의 교사였던 그의 아버지는 담당 학급 학생들을 데리고 안전띠 없이 빙산에 올랐다.

"모두가 쇄빙도끼 하나를 들고 한 걸음씩 나아갈 때마다 얼음을 쳐냈어요. 아버지는 용감하고 신앙심이 깊은

■ 굴데Gulde와 란트그라프Landgraf, 1991 ; 칼테네거Kaltenegger, 1982

사람이었어요. 위험이라는 것을 몰랐죠. 학생들은 모두 두려움에 떨었지만, 빙산을 걸을 때는 오직 앞으로 나아가는 것에만 집중했어요."

그 이야기를 들은 내가 말했다. "그건 아버지가 두려움을 거부한 것이죠. 학생들을 데리고 그런 행동을 한 것은 무책임한 일이었네요."

그 환자가 말했다. "그렇게 생각하세요? 저는 한 번도 그렇게 생각해본 적이 없어요. 그런데 지금 이 순간에 이 기억이 떠오르네요. 제가 네 살 때였어요. 아버지는 담당 학급 학생들과 호수로 소풍을 갔죠. 아버지는 저를 자전거의 아동용 좌석에 앉히고 함께 데려갔어요. 호수는 우리가 살고 있는 지역에서 8킬로미터 정도 떨어져 있었어요. 물 위에는 밧줄에 묶인 뗏목 하나가 떠 있었어요. 호숫가에서 약 50미터 거리쯤 되어 보였어요. 학생들이 뗏목을 호숫가 쪽으로 끌어당겼고 저는 그 위에 올라탔어요. 그런데 학생들이 제가 탄 뗏목을 호수 한가운데로 밀었어요. 그들은 저를 가지고 놀면서 뗏목을 이리저리 출 렁거리게 했죠. 저는 몸이 다 젖었고 미끄러져서 물속으로 빠졌어요. 한순간에 호수 바닥으로 떨어졌지요. 지금도 기억이 생생해요. 4~5미터 깊이의 바닥에 주저앉아 있었을 때 녹색 물을 봤어요. 그런데 두려움이 전혀 느껴지지 않았어요. 물거품이 아주 똑똑히 보였어요. 그때 갑자기 아버지가 와서 저를 호숫가 쪽으로 끌어올렸어요. 아버지가 제 허파를 눌러 물을 빼내자 저는 물을 토해냈어요. 이후에 무슨 일이 있었는지는 전혀 기억나지 않아요."

"하마터면 익사할 뻔했군요."

"네, 그랬을 거예요. 그 이후로 수영을 배우기가 겁나더라고요."

"두려움 때문일 거예요."

"네." 그가 말했다. "학생들이 저를 이렇게 놀렸어요. '그런데 네 아버지는 어디 계시지? 아버지는 이 상황을 못 보셨나?' 이외에도 저는 다른 학생들이 죽을 뻔했던 위험한 상황을 여러 번 봤어요."

한 남성은 사업 파트너가 자신에게 안겨 준 어려움을 너무 늦게 깨달아 큰 손해를 입게 되었고, 그것을 계기로 치료를 받으러 왔다. 그는 여태껏 다른 사람이 일으키는 위험을 부정해왔다. 다시 말해 다른 사람이 그를 괴롭히려고 한 사실을 인식하지 못했던 것이다. 이로 인해 금전적인 손해를 입고 나서야 비로소 자신의 판단력에 문제가 생긴 것을 깨닫곤 했다.

복종하도록 교육을 받을 때 희생자는 바로 우리 자신이 된다. 나를 내 안의 타자로 만들어버리는 것이다. 그러면 나 자신은 복종으로 인해 왜곡되고, 맹목적 복종은 우리를 둘러싼 진실을 인식하지 못하게 만든다. 즉, 복종은 억압자에게 순응하게 만들 뿐만 아니라, 그의 행동을 은폐시키기도 한다.

복종하도록 교육을 받을 때, 희생자는 바로 우리 자신이 된다

복종은 권력의 토대를 마련한다. 그리고 분노를 유발시킨 사람들을 향해 분노를 쌓지 못하도록 만든다. 하지만 분노는 여전히 그 자리에 존재한다. 권력자와 하나가 되기 위해 자신을 타자로 만들어야 하는 스스로에 대한 증오도 똑같이 그대로 존재한다.

6   복종에서 벗어나는 길

내가 이 책에서 말하고 있는 현상들은 지금 사회가 도달해 있는 높은 수준의 문화들의 토대를 이루고 있다. 말하자면 이 사회는 힘과 권위를 기반으로 하여 인간의 행동을 규정하는 심리적 메커니즘을 만든 것이다. 게다가 아주 잘 짜여진. 나는 수십 년에 걸쳐 환자들을 연구하고, 역사의 발전과정에 대한 지식을 쌓으면서 확신하게 되었다. 인류가 '높은 수준의 문화'적 토대를 쌓아온 과정은 통제와 지배, 그리고 그것의 동기를 은폐하는 시스템을 마련하려는 과정이었다고 말이다.

이러한 은폐는 다음과 같은 사실을 바탕으로 한다. "우리가 당신을 지배한다. 그것이 당신에게는 최선이니까." 1968년 2월 7일에 보도된 다음의 뉴스는 인간이 권력과 복종의 구조에서 벗어나려 할 때 얼마나 절망적일 수 있는지를 보여주는 사례다. 나는 이에 대해서 이미 나의 저서 『자기 배반Verrat am Selbst』(1984)에서 연구한 바 있다.

<blockquote>
경찰은 오늘 린다 씨가 … 자신이 키우는 개 뷰티를 처벌하지 않으려고 자살을 했다고 보도했다. '내가 딸을 죽였어요, 내가 딸을 죽인 거라고요. 내가 우리 딸을 죽
</blockquote>

> "우리가 당신을 지배한다. 그것이 당신에게는 최선이니까"

인 거나 다름없어요.' 경찰은 슬픔에 빠진 린다 씨 아버지의 말을 인용했다. '내가 딸에게 총을 주었어요. 나는 딸이 그런 일을 할 줄은 전혀 생각하지 못했어요.…' 린다 씨는 금요일 저녁 템페에서 무용 행사에 참석한 후 집으로 돌아오지 않았다. 다음 날 그녀는 공군 장교와 밤을 함께 보냈다고 부모에게 고백했다. 그녀의 부모는 린다 씨를 훈계하는 차원에서 벌을 주기로 했다. 딸이 2년 전부터 기른 개를 쏘아 죽이라고 명령한 것이다. 그리고 일요일에 그들은 린다 씨와 그녀의 개를 집 근처의 공터로 데리고 갔다. 린다 씨는 삽으로 무덤을 팠고, 어머니가 개를 붙잡았다. 아버지는 딸 린다 씨에게 권총을 주면서 개를 쏘아 죽이라고 명령했다. 자신이 기르는 개를 차마 쏘지 못한 린다 씨는 대신 자기 자신에게 총구를 겨누고 말았다.

부모의 명령에 의한 복종은 때때로 비극의 원인이 된다

이 비극의 원인은 복종이다. 부모의 명령을 통해 전달

된 복종. 이는 '너를 혼내는 것은 다 너 잘되라는 이유에서'라는 명목하에 전달되곤 한다. 자유로운 교육방식을 통해 이러한 복종을 막으려 한다 해도 이 속에 담긴 핵심을 인식하지 못하면 그 시도는 실패로 돌아갈 수밖에 없다. 그 핵심은 태어날 때부터 이미 시작된 내면의 소외에 있다.

많은 사람들이 내면 소외의 과정에 사로잡힌 채 마음속 깊은 곳에 갇혀 있다. 심리치료를 하러 오는 환자들은 절망한 채 이러한 상황에서 빠져나갈 탈출구를 찾으려 한다. 이들이 아픈 이유는 절망적인 상황 속에서도 자기 영혼이 소외되지 않도록 마음속에서 무의식적인 투쟁이 벌어지기 때문이다. 마음속에서 벌어지는 이러한 반란으로 인해 그들은 순응하고 복종하면 안 된다는 생각을 하게 된다. 하지만 그런 생각을 하면 다른 사람들로부터 아웃사이더나 내부고발자, 심지어

순응과 복종을 거부하는 이들은 아웃사이더, 내부고발자 혹은 배신자로 낙인찍힌다

배신자로 낙인찍히게 된다. 그들은 '병든 사람'으로 분류되지 않기 위해 용기를 내어 도움을 구하고 치료를 받는다. 또한 그들은 '올바르게', 혹은 '성공적으로', '두려움 없이', '의기소침하지 않게', '초조해하지 않고' 행동'해내는' 사람이 되기를 원한다. 이것 또한 일반적인 소외의 징조다.

이쯤에서 '병들지 않은' 사람으로 분류되는 순응자에게 주목할 필요가 있다. 순응자란 경쟁에서 성공한 사람들, 소유하고 정복하는 통치자들이다. 이들은 겉보기에는 두려움이나 초조함, 고통에서 벗어난 것처럼 보인다. 그렇기 때문에 병든 사람과 병들지 않은 사람을 구별하려는 시도는 대부분 실패한다. 그러나 인간의 발달과정에서 '병든 사람'들이 느끼는 불안함과 그 본질적인 이유를 무시하게 되면 우리의 역사의식은 불완전하게 된다. 인간의 역사를 이해하려는 시도는 우리 안에 타자

> 순응자란 경쟁에서 성공한 사람들, 소유하고 정복하는 통치자들이다

가 존재한다는 사실을 인식해야만 성공할 수 있다. 하지만 우리는 살아가기 위해서 우리 앞에 놓인 공포와 고통을 부인해야 하기 때문에, 이러한 상황을 명확하게 직시하지 못한다. 상황을 제대로 직시하지 못하면 자신을 희생자로 인식할 수 없으며, 복종은 계속된다. 이 과정에서 '복종을 위반하는 것은 큰 죄를 짓는 것이다'라는 복종의 악질적 성격은 점점 확고해진다.

그렇게 되면 어떤 일이 일어날까? 모든 생명체는 생존을 위해 서로 주고받는 자극이 필요하다. 인간이 정신적으로 살아남기 위해서도 이러한 자극은 필요하다. 그렇지 못할 경우 생기는 고립과 분리는 의식을 제한할 뿐만 아니라, 정신착란으로 이어지기도 한다.

소아과의사인 마셜 클라우스Marshal Klaus와 존 켄넬John Kennel은 출산 직후 어머니와 아이 사이의 눈맞춤이 신생아에게 매우 중요한 행위라는 것을 밝혔다.[*] 출산 과정에서 신생아가 아무런 호응이나 공감을 경험하지 못한다

---

[*] 웰치Welch, 1994

면, 이것은 그들에게 죽음에 견줄 만큼 무섭고 섬뜩한 일이다. 신체적 위협이나 마찬가지라고 할 수 있다.

이와 같은 공포에 방치되면 아이는 살아남기 위해서 무엇이든지 하게 된다. 페렌치는 이미 1932년에 방치된 아이들은 두려움과 공포를 거짓 안전감으로 바꾼다고 기술했다. 심리치료의 과제는 이 과정을 발견하여 다시 체험하게 하고 치유하는 것이다.

"불안은 영혼을 잠식한다."
(라이너 베르너 파스빈더)

한 여성 환자가 나를 찾아온 적이 있었다. 그녀의 어머니는 기분 내키는 대로 행동하는 종잡을 수 없는 사람이었다. 어머니는 칼로 딸을 위협하고, 딸을 향해 칼을 던지는 등 폭력적인 행동을 했다. 나의 환자는 이와 비슷한 경험을 여러 번 겪었다고 말했다. 얼마 후에 우리가 다시 만났을 때 그녀는 이런 이야기를 들려주었다.

지난번 치료 후에 갑자기 어머니가 무척 그립다는 생

각이 들었어요. 동시에 마음 한구석이 허전하다는 느낌도 들었어요. 문득 어머니를 소리내서 크게 불렀어요. 그때 삶의 모든 것을 빨아들이는 검은 에너지를 느꼈어요. 제가 힘들어하는 모든 것이 전부 어머니와 관련이 있는데도, 저는 어머니 옆에 있으면 저에게 아무 일도 일어나지 않을 것이라고 생각해왔어요. 그런데 지난번 치료를 받은 후 그렇게 큰 소리로 외치고 나서 어둠을 다시 느꼈어요. 그리고 이 어둠이 약간은 안전하다는 느낌을 받았어요.

여기서 우리는 어머니에 대한 공포심이 (거짓) 안전감으로 바뀌는 순간을 볼 수 있다. 아이가 보호받지 못하고 방치되어 있어 불안함을 느낄 때, 이러한 느낌은 반대의 감정으로 뒤바뀔 수 있다. 즉, 이러한 위기 상태에서 '보호받고 있다는 안전감'이 생겨난다.

역사는 지배자와 정복자, 막강한 리더에 초점을 맞춰

서 기술된다. 그리고 사회학적, 역사적 측면에서는 대개 이들의 권력이 내면의 위대함, 앞을 내다보는 현명함, 강한 통치권에서 나온다고 본다. 그런데 내 확신대로라면 오히려 그 반대가 맞다. 우리의 역사는 순응자들, 다시 말해 자신의 분노를 자기 외부에 존재하는 타자를 향해 겨냥하는 사람들을 중심으로 돌아간다. 그리고 위대하다고 불리는 리더들은 이들을 지배하면서 이들에게서 고통을 빼앗고, 자신 역시 고통과 책임감에서 벗어난다.

역사는 지배자에게 복종하는 순응자들을 중심으로 돌아간다

에리히 노이만Erich Neumann은 다음과 같은 질문을 제기한다.

독일에서 '죽음의 무도' 중 전주곡에 해당했던 국가주의 시대에 윤리에 대한 질문이 과연 허락될까?

이에 대한 그의 대답은 '그렇다'였다.

우리는 예전부터 인간이라는 종이 개인주의를 창조하는 데 아주 큰 노력을 쏟아왔음을 인식해야 한다. … (그런데도) 바로 오늘날, 개성을 공동체의 핵심 문제로 간주하는 심리학이 그 지위를 상실한 것처럼 보인다. 그리고 이러한 심리학의 지위 상실로 인해 인류에게 결정적인 일이 벌어지고 있다는 사실이 계속해서 밝혀지고 있다.

이 의견에 반대하는 사람들은 대부분 이러한 판단이 과도한 심리학적 해석이라며 중요하게 생각하지 않는다. 하지만 이러한 생각 뒤에는 불쾌한 의도가 숨어 있다. 즉 사람들에게서 자기 자신에 대해 가져야 할 책임감을 빼앗고, 이로써 그 사람은 자신의 진짜 죄와 책임감에서 벗어날 수 있다는 점이다.

정치적, 경제적, 사회적인 측면을 각각 살펴보는 것은 중요하지 않다. 오히려 이와 같이 우리 문화의 많은 영역에 존재하는 분업은 인간을 단절시키는 경향을 반영하고 있다. 조직은 그것이 몸담고 있는 전체 안에서 연구되어야 한다. 심리학은 인간의 개성과 관련해 바로 이러한 임무를 수행하고 있다.

여기서 우리가 관심을 가져야 하는 중요한 문제는 인간성의 어떤 부분을 상실했는지, 이러한 일이 어떻게, 왜 일어났는지, 그리고 어떤 방식으로 상실된 부분을 되찾을 수 있는지 하는 것이다.[*] 복종에 예속되어 자신의 뿌리를 상실함으로써 무력감을 느끼게 된 인간은 권력과 소유권을 다시 찾기 위해 몸부림치며, 그로 인해 정신적 압박을 받게 된다. 하지만 그렇지 못한 인간은 자기 자신으로부터 소외되며, 이는 노이만이 말한 것처럼 '죽음의 무도'로 이어지는 순환의 시작이다.

> 우리는 인간성의 어떤 부분을 상실했는가?

---

[*] 역사에 대한 스탠리 다이아몬드Stanley Diamond의 토론을 참조할 것.

7

복종의 권력구조와 국가론

기원전 3세기부터 국가론은 사회의 권력구조를 정당화하기 위해 꾸준히 발전되어왔다. 이는 복종의 구조와도 깊이 연관되어 있다. 복종의 구조 역시 국가를 정당화하기 위한 것이기 때문이다. 이 사실은 미국의 인류학자 스탠리 다이아몬드가 기술한 것처럼 모든 국가 형태에 해당

된다. "마르크스가 인지했듯이, 국가가 생성되는 과정과 기능은 특수한 국가 형태를 넘어서 일반화될 수 있다."

국가의 권력은 개인의 착취로 이어지고, 개인이 가진 본질은 타자가 되어버린다. 이 말은 대부분의 인간이 개인으로서의 독창성과 주체성을 상실하게 된다는 의미다. 그러므로 자아 상실은 정치적, 사회적 문제와 밀접한 관련이 있다.

자아 상실은 정치적, 사회적 문제와 밀접한 관련이 있다

에티엔 드 라 보에시는 이미 1550년에 자신을 소외시키고 억압자를 미화할 때 어떤 결과를 가져오는지에 대해 서술한 바 있다. 이 책은 『자발적 복종에 대하여』라는 의미심장한 제목을 달고 있다.

여기서 나는 다만 하나의 문제에만 관심을 집중하고자 한다. 과연 어떻게 그렇게 많은 사람들, 그렇게 많은 마을과 도시, 그렇게 많은 국가가 단 한 사람의 독재자를 견디는 일이 벌어지는지에 관해서 말이다. 독재자는 다

른 사람들이 그에게 부여한 권력 그 이상을 가지고 있지
않다. 사람들이 모두 독재자를 참고 견디는 만큼, 독재자
는 그들에게 동일한 정도의 횡포를 저지른다. 따라서 사
람들이 독재자에게 저항하지 않더라도, 단지 견뎌내기를
멈추기만 해도, 독재자는 더이상 그들에게 어떠한 해악
도 끼치지 못할 것이다. 수백만의 사람들이 목이 눌린 채
비참하게 복종한다는 사실, 이는 대단히 놀라운 일이 분
명하지만 흔히 벌어지고 있는 실정이다.

보에시는 공격자와 자신을 동일시할 때 나타나는 정치
적 결과를 말하고 있다. 그로부터 400년 후, 정신분석학
자인 산도르 페렌치는 그 근원지가 인간의 아동기로 거
슬러 올라간다고 확신했다. 보에시는 계속해서 다음과
같이 기술한다.

　…독재자는 자신의 곁에서 총애를 구걸하고 자신에

게 알랑거리는 사람들을 늘 주시한다. 이 사람들은 독재자가 말하는 대로만 해서는 안 되며, 독재자가 무엇을 원하는지도 생각해야 한다. 또한 독재자의 요구에 응해야 하며, 심지어 독재자의 생각을 미리 알아차리기도 해야 한다. 그들은 독재자에게 복종하는 것으로는 충분하지 않다. 독재자에게 호의적인 태도를 보여야 하며, 독재자를 위해 자신을 갈기갈기 찢고 들볶고 망가뜨려야 한다. 또 독재자를 즐겁게 해주기 위해 재미있어야 하며, 자신의 기질에 압박을 가하고 자신의 천성을 거부해야 하며, 독재자의 말과 목소리, 눈짓, 눈을 주시해야 한다.

또한 보에시는 희생자 역할의 계승, 즉 타자 처벌에 대해서도 인상 깊게 설명하고 있다.

그들은 당연히 군주 때문에 고통스럽지만, 자신들에게 떨어진 악운을 꽤 잘 견딘다. 그들이 이 상황을 견딜

수 있는 것은 자신들이 받은 모멸을 누군가에게 돌려줄
수 있기 때문인데, 불행하게도 그들은 자신들에게 불행
을 가져다준 군주를 향해서가 아니라 자신들처럼 불행을
참고 견디며 어떠한 저항도 할 수 없는 약한 존재들에게
악습을 그대로 반복한다.

인간은 내면적으로 소외되고 공격자와 자신을 동일
시함으로써 깊은 상처를 입는다. 그러나 이러한 방식으
로 복종하는 사람은 자신이 굴복하고 있다는 사실, 자신
으로부터 소외되고 있다는 사실, 또 억압자와 자신을 동
일시하고 있다는 사실을 인식하지 못한다. 다시 말해 자
신이 복종하고 있다는 사실을 인지하지 못한다. 그 이유
는 그 사실을 인지하면 공격자가 자기 존재를 보장하기
위해 우리에게 부과하는 복종의 계명을 위반하는 것이기
때문이다.

8

나를 억압하는 복종과 마주하기

나는 2002년에 「복종Der Gehorsam」이라는 제목의 논문을 사회학 학술지 《숙고 지식 윤리Erwägen Wissen Ethik》에 실었다. 평론가들의 의견은 두 그룹으로 나뉘었고, 중재할 수 없을 정도로 서로 대립했다. 한 그룹은 맹목적 복종을 비판하는 나의 의견에 대해 개방적인 입장이었고, 다른 그룹은 복종을 강하게 옹호하는 입장이었다. 이 두 번째 그룹은 복종이 자유를 향한 교육적 토대라고 정당화시켰으며, 의도한 바는 아니었겠지만 이로써 우리 문화의 병리를 확인시켜주었다. '받아들이기'를 자기 본질의 토대로 여기는 사람, 즉 타인의 낯선 견해를 무의식적으로 자기 것으로 경험하는 사람은 복종을 자기 삶의 주요 모티브로 만든다.

노벨물리학상을 수상한 화학자 오토 한Otto Hahn에 따르면, "부장교사 정도가 되면 교사들은 자기가 모든 것을 안다고 주장한다. 하지만 그들은 무엇도 제대로 인식하지 못하고 있다." 과학자들은 종종 자신의 생각과 견해가 중립적이고 객관적이라고 주장한다. 또한 그들은 자신이 비이성적이고 주관적인 잘못된 굴레에서 벗어나 있다고 강하게 확신한다. 그런데 정작 그러한 생각이 우리의 경험 전체를 차단한다는 사실은 전혀 인식

우리는 많은 지식을
습득할 수 있지만,
무엇도 제대로
인식하지 못하고 있다

하지 못한다.

물리학은 이미 1920년대에 현실에 대한 이해를 변화시키는 중요한 업적을 이루었으며, 관찰자 자신의 주관적인 판단이 관찰과정에서 무척 중요한 요소라는 것을 밝혀냈다. 이론물리학자인 베르너 하이젠베르크Werner Heisenberg는 이른바 '불확정성 원리'를 들어 이 사실을 인상적으로 증명했다. 지금까지 통용되던 전통적인 자연과학의 파괴를 의미하는 이러한 인식 변화는 제한적이고 편협한 우리의 의식을 확장시켰다.

1920년대 물리학의 발전은 우리의 의식을 확장시켰다

반면, 정신과학 분야에서는 아직도 사고와 경험이 분리되어 있다. 경험은 주관적이기 때문에 비합리적인 것으로 분류된다. 특히 우리 문화에서 개인적인 경험이란 좋지 않은 감정을 가져오기도 한다. 어린 시절 자기의 감정과 욕구, 공감적 자각의 경험으로 인해 부모와 갈등에 빠지는 경우가 많았기 때문이다. 부모는 자녀의 본질을 인식할 수도 없고, 인식하려고도 하지 않았으며, 또 인식하면 안 되었다. 부모는 자기가 어렸을 때 경험했던 것이 사실은 좋지 않은 경험이라는 것을 알고 있었기 때문이다.

이러한 사고를 바탕으로 한 맹목적 복종은 미묘하지만 엄격한 방식으로 우리 의식을 위축시킨다. 복종이 우리 모두를 획일화시키는 것이다. 영국의 시인 에드워드 영Edward Young은 이미 18세기에 다음과 같이 썼다. "우리는 원본으로 태어나서 복제품으로 죽는다." 철학자 로젠스톡 후세이Rosenstock-Hussey는 이러한 생각을 더욱 발전시켜 다음과 같이 말했다.

"우리는 원본으로 태어나서 복제품으로 죽는다."

인간은 자기가 받은 인상이나 느낌을 억압당할수록 어떤 방향이나 결론을 찾을 때 다른 사람의 느낌과 그의 삶에 남겨진 잔존물에 더 많이 의존하게 된다. 또한 순수 이성 작동이 필요할 때 자신이 탐구한다고 생각하는 이 세상의 일부에 대해 사실 통제당하고 있다.

그의 말대로 사람은 순수이성을 발휘하려 할 때에도 이 세상의 일부를 통제당하고 있다. 왜 세상이 자신의 이해관계나 관심사를 막으려고 하는지, 왜 자신을 노예로 만들려고 부추기는지를 탐구하고 싶다면 가장 먼저 자신을 억압하는 복종과 마주해야 한다. 그런데 이러한 대면은 성공하기 어렵다. 마음속에 도사리고 있는 불안감이 확실함을 향한 노력으로 쉽게 바뀌기 때문이다. 그리고 복종

정치적으로 진보적인 사람들도 맹목적 복종에 몸을 굽힐 수 있다

은 바로 이러한 확실함을 약속해준다. 정치적으로 진보적인 입장을 취하며 복종을 비판하는 사람도 기본적으로는 맹목적 복종에 몸을 굽힐 수 있다.

이미 1930년에 테오도르 아도르노와 막스 호르크하이머Max Horkheimer의 주도로 프랑크푸르트 사회연구소에서 실시한 연구들은 그 사실을 증명했다. 진취적이라고

평가받았던, 적어도 첫인상으로는 진보적으로 보였던 라인란트와 베스트팔렌 지역의 노동자 및 직원들이 마음속 깊은 곳에서 자신을 권위와 동일시하고 있었던 것이다. 이 연구소에서 초창기 때부터 함께 연구했던 레오 뢰벤탈Leo Löventhal은 다음과 같이 회고했다.

우리는 (설문조사) 결과를 받았을 때, 가슴이 철렁 내려앉았다. 훌륭한 사회민주주의자이자 좌파 핵심 지지자들 모두 겉으로 드러난 사상적인 측면에서는 매우 진보적이고 공화주의를 표방했다. 그런데 마음속 깊은 곳, 심리적 측면에서는 이들 대부분이 매우 권위적이고 비스마르크Bismarck와 엄격한 교육을 찬미하며, '여자는 집에 있어야 한다'는 생각을 하고 있었다.(1990)

이러한 사실에서 '받아들이기'와 이후에 나타나는 여러 동일화 과정이 조금은 다르다는 것을 알 수 있다. '받아들이기'가 언어가 발달하기 이전의 나이에 이미 형성되는 것인 반면, 동일화 과정은 그 모순성을 의식하지 못한 채 나란히 공존하며 분열된 행동으로 이어지는 것을 뜻한다. 연구대상이었던 사회민주주의 성향의 노동자들 역시 권위적인 사회법칙에 비판적인 입장을 가지고 있었지만, 깊은 내면에서는 비스마르크와 같은 권력 추구자를 찬미하고 엄격한 교육이 옳다고 생각했으며, 남녀평등 사상을 부정했다.

이러한 분열된 태도는 어디에서 나오는 것일까? 그 원인은 결국 '받아들이기'에 있다. 어린 아이가 말을 하기 전에 이미 '받아들이기'가 형성되면 이성적 사고의 도움을 받더라도 쉽게 흔들리지 않는다. 이러한 '받아들이기'는 의지할 곳이 없다는 극도의 무력감 같은 감정적 과정과 연결되어 있기 때문이다.

밀그램(1974)과 블루폴(1972), 로스캄(1972)의 연구, 독일 전쟁포로를 대상으로 한 헨리 딕스Henry Dicks(1950)의 연구, 에리히 프롬(1989)과 저널리스트 코터 호프만(2000)의 연구는 우리 문화 속에서 살아가는 사람들 중 약 3분의 1이 복종을 강요하는 이 사회에 비판적이며, 복종하지 않음을 보여준다. 이 사실은 우리에게 희망을 준다. 공감과 인간적 관심은 복종에 굴하지 않고 맞서 싸우도록 할 뿐만 아니라, 복종을 물리치게 할 수도 있다. 인간의 생존 여부는 공감과 사랑을 실천하고 복종에 얽매이지 않는 능력에 달려 있다.

사람들 중 약 3분의 1은 무비판적인 복종에서 벗어나 있다

밀그램이 말한 것처럼, "복종은 심리적 메커니즘이며, 이를 통해 개인의 행동은 정치적 목적과 결부된다." 복종은 인간을 권위주의 체제와 접합시키는 시멘트와 같은 역할을 하며, 윤리적 자각과 공감을 파괴한다.

복종은 권위적 시스템을 굳히는 시멘트다

밀그램의 실험에서 실험자의 말에 복종한 피험자들은 자기 자신의 행동에 책임을 느끼지 않을

만큼 정신적으로 순응하는 모습을 보였다. 그렇기 때문에 찰스 퍼시 스노Charles P. Snow가 언급했듯이 역사상 가장 잔혹한 범죄들은 항상 복종의 이름으로 저질러졌다.(snow, 1971)

이러한 현실을 조금이라도 변화시키려면 복종을 강요하는 사회구조에 대해 문제제기를 해야 한다. 이때 가장 핵심 역할을 하는 것은 기본적 신뢰다. 그리고 기본적 신뢰는 갓난아기의 욕구와 이를 인지하는 어머니의 능력이 성공적으로 상호작용할 때에만 생겨날 수 있다. 그래야만 아이가 두려움과 죄책감 없이 발달할 수 있으며, 나중에 어머니의 품을 떠나 자율성을 획득할 수 있다. 어머니와 아이 사이의 애착관계는 정체성이 자율성으로 발달되느냐 아니면 복종으로 발달되느냐를 결정하는 중요한 지점이다.

영국의 정신과의사 딕스가 독일 전쟁포로들을 대상으로 실시한 연구에서 사랑과 애정으로 보살핌을 받은 아이들은 쉽게 복종에 빠지지 않으며, 이에 따른 파괴적 결과가 발생하지 않는다는 사실이 명료하게 입증되었다.

복종의 정치적 결과는 권력, 소유, 그리고 폭력이다

반면 이미 유아기 발달과정 중 가정 내에서 권력구조를 경험한 적이 있다면 그 아이에게는 복종이 상호관계의 토대로 굳어진다. 그렇게 되면 소유와 권력이 자신을 둘러싼 환경에서 유일한 현실이 된다. 소유와 권력은 정치적 결과의 온상이며, 무의식적으로 복종과 권력에 순응하게 만들기 때문에 이를 통해 편협한 사고가 생겨날 수 있다.

그렇기 때문에 오로지 이성적으로, 그리고 합리적으로 복종과 싸우기란 매우 어렵다. 복종이 불러오는 내면의 소외, 공격자와 자신을 동일시하는 과정은 인간에게 깊은 상처를 준다. 그럼에도 불구하고 인간은 이 상처를 인지하지 못한다.

그 결과 문화적으로 인정된 '정상적인' 행동, 하지만

동시에 자기 자신을 속이는 행동이 생겨난다. 그럼으로써 평생 동안 인간성의 한 부분인 고통을 억제하려고 노력한다. 어쩌면 우리는 이 부분을 이미 상실했거나, 혹은 무기력하게 이에 맞서고 있을 뿐이다. 이를테면 다른 사람에게서 희생자를 찾고, 우리가 느껴서는 안 되는 고통을 아직 잃지 않은 다른 사람을 처벌하는 방식으로 말이다. 우리가 희생물이 되지 않기 위해 다른 사람을 희생물로 만들고 있는 것이다.

9

복종에 반대한다

복종에 맞서 싸우려면 이성뿐만 아니라, 복종의 현혹에 반대되는 다른 감정도 필요하다. 바로 공감 능력이다. 공감 능력이란 타인의 감정과 상황에 대해 함께 느끼고 이해함으로써 우리 주변 세계에 공감적으로 관여하는 능력이다. 공감 능력은 맹목적 복종에 빠져 있는 사람들에게 대항할 힘을

복종에 맞서 싸우려면 공감 능력이 필요하다

줄 뿐만 아니라, 깊이 묻혀 있는 자신의 감정이입 능력을 끌어내준다. 자각이 생겨나는 과정은 공감에 토대를 두고 있다. 반면 인지적 사고는 태어난 이후부터 바로 발달하기 시작하며, 복종이 뿌리를 내리는 데 주요한 수단이다.

복종하는 사람들이 공감 능력이 부족할 것이라는 예상과 달리, 밀그램은 공감적 반응이 실험자의 말에 복종한 사람들에게서도 나타나고 있음을 증명했다. 그는 피험자 3분의 2 중 약 절반에게서 그런 현상을 발견했는데, 바로 신체적 반응을 통해서였다. 그는 복종적 태도를 취한 피험자가 느끼는 육체적 긴장감을 관찰하고, 그 결과 이 긴장감이 내적 갈등 때문이라고 추측한 것이다.

이러한 피험자의 떨림은 고문당하는 사람의 고통을 인지했으면서도 복종하게 만드는 힘을 암시한다. 밀그램이 실험하던 당시에 나와 주고받았던 서신에서 그는 떨림과 진땀, 혈압 상승, 두통을 비롯한 여러 심신상관적 반응이 실험자의 말에 복종하는 사람들의 내면적 갈등을 부분적으로 표현한다고 설명했다. 복종하는 피험자들은 자신의 마음속에서 일어나는 공감적 반응을 억압했고, 이것이 신체적 증상으로 표현되었다는 것이다.

복종하는 사람들의 내면적 갈등은 신체적 증상으로 표현된다

이러한 과정이 복종하는 사람들에게서 발생한다는 사실은 우리에게 용기를 준다. 많은 정치지도자들은 바로 이 사실을 두려워했다. 반면 미국 대통령 에이브러햄 링컨이나 프랭클린 루스벨트, 독일 수상 빌리 브란트, 스웨덴 총리 올로프 팔메는 인간애를 주장함으로써 온 국민의 마음을 움직이게 했다.

세계경제가 지속적으로 침체되고 있는 오늘날에는 복종이 우리 앞에 놓인 문제를 해결하는 것에 있어 방해가 된다. 존 메이너드 케인스John Maynord Keynes는 뛰어난 저서 『고용·이자 및 화폐의 일반이론The General Theory of Employment, Interest and Money』에서 경기침체는 결코 수요 부족

때문에 발생하는 것이 아니라고 했다. 동시에 정부의 수요 촉진 정책에 대한 경제학자들의 이념이 어떻게 그토록 오랜 세월 동안 확고한 기반을 얻을 수 있었는가에 대해 의문을 제기했다. 그는 지배적인 이념에 순응함으로써 긴축정책을 실시해야 한다는 관념이 생겨났으며, 이를 통해 사회적 부조리와 잔인함이 도덕적 가치로 승격되고 합리화되었다고 주장했다.

프랑스의 경제학자 토마 피케티Tomas Piketty는 저서 『21세기 자본론』에서 불평등한 소득분배가 점점 더 불평등해지고 있다고 했다. 중산층은 사라지고 있는 반면, 상위 집단이 경제와 정치를 점점 더 지배하고 있다는 것이다. 일례로 대부분의 미국 노동자들의 수입은 1970년 이후로 실제적으로 증가하지 않은 반면, 같은 시기에 0.1퍼센트의 초고소득층의 수입은 362퍼센트 증가했다.[*] 피케티는 이에 대해 "…경제 및 금융 엘리트들은 자신의 이익을 반드시 지켜야 한다고 느끼는데, 이보다 더 큰 위선은 없

---

[*] 폴 크루그먼, 2014

다."라고 말했다. 절약은 이러한 사회적 부
조리로 인해 더욱 강조되기 시작했으며, 위
에서 케인스가 언급한 것처럼 도덕적으로
가치 있는 행위로 합리화된다.

비인간적 속성을 띠는
도덕적 가치와 권위는
어떻게 생겨나는가?

　　노벨경제학상 수상자인 폴 크루그먼Paul Krugman과 조지
프 스티글리츠Joseph Stiglitz는 비인간적 속성을 띠는 이러한
권위에 대한 복종을 반대하고 맞섰으며, 이들은 다름 아
닌 인간의 공감을 주장했다.

　　실업보다는 재정적자에 초점을 맞추는 재정정책, 사
소한 인플레이션 조짐에도 과잉반응하고 대량 실업 사
태에 직면해서도 금리를 높이는 통화정책처럼 긴축주의
자들이 있다. 이들이 주장하는 정책들을 주의 깊게 들여
다보면 그 모든 것이 결국은 채권자들, 즉 생계를 위해
일하고 돈을 빌리는 사람들의 반대편에서 그들에게 돈
을 빌려주고 있는 사람들의 이익에 봉사하기 위한 정책

이라는 사실을 깨닫게 된다. 돈을 빌려주는 사람들은 돈을 빌린 사람들이 안전하게 부채를 상환할 수 있도록 정부가 적극적으로 나서주기를 바란다. 그리고 금리를 인하하고 인플레이션에 대한 경고를 무시함으로써 은행가들의 수입을 줄어들게 만드는 통화와 관련된 모든 시도들에 반대한다.(크루그먼, 2012)

지금의 경제위기를 교훈적 우화와 연결지어 이해할 수도 있는데, 크루그먼에 따르면 그 교훈이란 이런 것이다. "그러므로 경기침체가 과거의 잘못에 대해 주어지는 마땅한 벌이며, 그 벌을 인위적으로 줄이려고 해서는 안 된다."(2012)

복종은 파괴적이다. 또한 복종은 사고를 제한하며 현실을 부정한다. 현실 전체는 그저 권력자의 단기적인 전망에 따라 제한되고 한정될 수 없다. 더 나은 세상은 유토피아의 환상이 아니다. 더 나은 세계는 현혹된 복종이 사람 사이의 진정한 공감으로 바뀔 때 눈앞에 나타난다.

이탈리아 남부 칼라브리아주의 리아체라는 마을은 이탈리아의 난민정책에 반대하고 불법이주자들을 두 팔 벌려 받아주었다. 그 결과 무비판적으로 복종할 때에나 생길 법한 범죄도, 사회적 질서의 붕괴도 일어나지 않았으며 마을 고유의 정체성도 상실되지 않았다. 오히려 죽어가는 마을이 회생했다. 영화감독 빔 벤더스는 리아체 마을의 이야기를 영화*로 만들면서 이렇게 말했다. "진정한 유토피아는 리아체 마을 사람들의 공생과 같은 모습이다." 리아체는 유랑의 장소가 되는 대신 공생의 장소가 되었다.**

용기와 관심, 열린 생각이야말로 복종을 물리칠 수 있는 힘이다

리아체 마을의 시장 도메니코 루카노Domenico Lucano는 권위에 대한 복종에 맞서고 마을 사람들의 인간성에 호소했다. 그의 이런 결단을 통해 마을이 경제적, 사회적으

---

* 다큐멘터리 영화 〈일 볼로Il Volo〉를 가리킨다. ─ 옮긴이
** 클라스 렐로티우스Claas Relotius, 2012

로 다시 꽃피우게 되었다. 용기와 관심, 열린 생각이야말
로 복종을 물리칠 수 있는 힘이다.

감사의 말

복종에 대한 나의 에세이가 세상에 나올 수 있도록 나를 격려해준 우테 알트하우스에게 감사한다. 마리 루이제 브뤼취는 나에게 테오도르 폰타네의 시를 알려주고 관심을 가지게 해주었다. 내 원고를 읽어준 수잔네 푹스, 나의 친구 헬무트 홀츠아펠 교수, 출판사의 편집담당 고문에게 감사한다. 특히 글을 집필하는 동안 사고와 배려로 나에게 힘이 되어준 나의 아내 시모네에게 큰 감사를 보낸다.

참고문헌

Adorno, T. W., Frenkel–Brunswik, E., Levinson, D. J. und Sanford, R. N. (1950): The Authoritarian Personality, New York: Harper.

Ascherson, N. (1983): 《The Bildung of Barbie》, New York Review of Books, November 24.

Bluvol, H. (1972): Differences in Patterns of Autonomy in Achieving and Underachieving Adolescent Boys, Diss., The City University of New York.

Browning, C. R. (1996): Ganz normale Männer: Das Reserve–Polizeibattaillon 101 und die 《Endlösung》 in Polen, Rowohlt: Reinbeck.

Bushnell, J. (1985): Mutiny amid Repression, Russian Soldiers in the Revolution of 1905 – 1906, Indiana University Press: Bloomington.

Bychowski, G. (1958): 《Struggle Against The Introjects》, Int. J. Psycho Analysis, 39.

Cannon, W. B. (1942): 《Voodoo Death》, American Anthropologist, 44.

Coetze, J. M. (2001): Warten auf die Barbariens, Frankfurt a. M.: Fischer.

Chamberlain, S. (1997): Adolf Hitler, die deutsche Mutter und ihr erstes Kind, Gießen: Psychosozial.

Diamond, S. (1979): Kritik der Zivilisation, Frankfurt a. M.: Campus.

Dicks, H. V. (1950): Personality Traits and National Socialist Ideology: A Wartime Study of German Prisoners of War, in: Human Relations, Bd. III.

Ferenczi, S. (1932/1984): Sprachverwirrungen zwischen den Erwachsenen und dem Kind, in: Bausteine zur Psychoanalyse, Bd. 3, Berlin: Ullstein.

Fromm, E. (1941): Die Furcht vor der Freiheit, Steinberg: Zürich.

Fromm, E. (1989): Empirische Untersuchungen zum Gesellschaftscharakter,

Gesamtausgabe, Bd. III. München: dtv.

Goffman, E. (2006): Wir spielen alle Theater. Die Selbstdarstellung im Alltag, München: Piper.

Gruen, A. (1968): Autonomy and Identification: The Paradox of their Opposition, in: International Journal of Psycho–Analysis, 49.4.

Gruen, A. (1984/1986): Der Verrat am Selbst, München: dtv.

Gruen, A. (1987): Der Wahnsinn der Normalität: Realismus alsKrankheit; eine Theorie der menschlichen Destruktivität, München: Kösel.

Gruen, A. (1997): Der Verlust des Mitgefühls, München: dtv.

Gruen, A. (1998): Reductionistic Biological Thinking and the Denial of Experience and Pain in Developmental Theories, in: Journal of Humanistic Psychology, 38, 2.

Gruen, A. (1999): Ein früher Abschied; Objektbeziehungen und psychosomatische Hintergründe beim Plötzlichen Kindstod, Göttingen: Vandenhoeck & Ruprecht: Göttingen.

Gruen, A. (2000): Der Fremde in uns, Stuttgart: Klett–Cotta.

Gruen, A. (2002): Der Gehorsam, Erwägen Wissen Ethik (vormals Ethik und Sozialwissenschaften), 13, 4.

Gruen, A. (2003): Verratene Liebe/Falsche Götter, Stuttgart: Klett–Cotta.

Gruen, A. (2005): The Role of Empathy and Mother–Child Attachment in Human History and in the Development of Consciousness: The Neanderthal's Gestation, Jahrbuch für Psychohistorische Forschung, 6.

Gruen, A. (2007): Kindheit und Realitätsverlust, Jahrbuch für Psychohistorische Forschung, 8.

Gruen, A. (2008): Altruism, Egoism and Dehumanization: The Denial of Empathy, Jahrbuch für Psycho historische Forschung, 9.

Gruen, A. (2010): Statt 《Survival of the Fittest》: Empathie und Kooperation als Determinanten der menschlichen Evolution, Jahrbuch für Psychohistorische Forschung, 11.

Gulde, J., und Landgraf, S. (1991): Geraubte Kindheit. Ein Film. München: Terra Media.

Haarer, J. (1941): Die deutsche Mutter und ihr erstes Kind, München: Lehmanns.

Hitler, A.: in: Chamberlain.

Hofmann, G. (2002): Starke Hand gesucht. Eine Studie der Friedrich–Ebert–Stiftung, Die ZEIT, 20. Dez.

James, W. (1905/1950): Principles of Psychology, New York: Dover.

Kaltenegger, M. L. (1982): Als Soldat und brav, in: Kursbuch, 67.

Klaus, M. H., Kennel, J. H., Plumb, N. und Zuehl ke, D. (1970): Human Maternal Behavior at fi rst Contact with her Young, in: Pediatrics, 46, 187.

Klaus, M. H. und Kennell, J. H. (1976): Parent–to– infant Attachement,in: Maternal Infant Bonding, St. Louis: Mosby.

Keynes, M. (2006): Allgemeine Theorie der Beschäf tigung, des Zinses und des Geldes, Berlin: Duncker & Humblot.

Koelling, M. (2012): 《Eine hausgemachte Katastrophe》, Neue Zürcher Zeitung, 6. Juli.

Krokow, C. Graf von (1991): Fahrten durch die Mark Brandenburg, Stuttgart: Deutsche Verlags–Anstalt.

Krugman, P. (2012): Vergesst die Krise, Frankfurt a. M.: Campus.

Krugman, P. (2014): 《Why We're in a New Gilded Age》, New York Review of Books, 8. Mai.

La Boétie, E. de (1991): Freiwillige Knechtschaft, Münster/Ulm: Klemm/Oelschläger.

Leacock, E. B. (1981): Myths of Male Dominance, Monthly Review Press, New York.

Löwenthal, L. (1990): Judaica. Vorträge, Briefe, Schriften 4, hrsg. v. H. Dubiel, Frankfurt a. M.: Suhrkamp.

Meyer, K. (jun.) (1998): Geweint wird, wenn der Kopf ab ist. Annäherungen an meinen Vater 《Panzermeyer》–Generalmajor der Waffen–SS. Mit einem Nachwort von Heinrich von Trott zu Solz. Freiburg i. B.: Herder.

Milgram, S. (1963): Behavioral Study of Obedience, in: Journal of Abnormal Psychology, 67.

Milgram, S. (1975): Obedience to Authority: An Experimental View, New York: Harper.

Neumann, E. (1997): Tiefenpsychologie und neue Ethik, Frankfurt a. M.: Fischer.

Nietzsche, F. (1980): 《Ecce homo》 Kritische Studienausgabe. Colli und Montinari. München: dtv, Band 6.

Piketty, T. (2014): 《Capital in the Twenty–First Century》, Belknap Press/ Harvard University.

Proust, M. (1987): À La Recherche Du Temps Perdu, Bd. VI. 《La Prisoniére》. Paris: Gallimard.

Rauschning, H. (1973): Gespräche mit Hitler, Wien: Europaverlag.

Relotius, C. (2012): Die bessere Welt, NZZ am Sonntag, 8. Juli.

Rilke, R. (1999): Die Weise von Liebe und Tod des Cornets Christoph Rilke, Frankfurt a. M.: Insel.

Roskam, A. (1972): Patterns of Autonomy in High Achieving Adolescent Girls who differ in Need for Approval, Diss., The City University of New York.

Schaeffer, F. (1961): Pathologische Treue als pathogenetisches Prinzip bei schweren körperlichen Erkrankungen. Ein kasuistischer Beitrag zur Dermatomyositis, in: Der Nervenarzt, 32, 10.

Schaffner, B. (1948): Fatherland: A Study of Authoritarism in the German Family, New York: Columbia University Press.

Silverberg, W. V. (1947): The schizoid maneuver, Psychiatry, 10.

Spence, J. (1996): In China's Gulag, The New York Review of Books, 10. Aug.

Soyinka, W. (1972): The Man Died, New York: Harper.

Stiglitz, J. E. (2010): Freefall, New York: Norton.

Timmerman, J. (1982): Wir brüllten nach innen. Folter in der Diktatur heute, Frankfurt a. M.: Fischer.

Turner, V. W. (1967): The Forest of Symbols: Aspects of Ndembu Ritual, Cornell University Press: Ithaca.

Wallace, D. F. (2012): Das hier ist Wasser, Köln: Kiepenheuer & Witsch.

Wassermann, J. (1988): Der Fall Maurizius, München: dtv.

Welch, M. (1994): Annual Attachment Conference in Cleveland, Ohio, Oktober.

Young, E. (1721): The complaint: or Night thoughts on life, death, and immorality, London: Bell and Daldy (wieder aufgelegt 1958).

복종에 반대한다

초판 1쇄 인쇄 | 2017년 12월 26일
초판 1쇄 발행 | 2018년 1월 3일

지은이 | 아르노 그륀
옮긴이 | 김현정

발행인 | 김기중
주간 | 신선영
편집 | 박이랑, 강정민, 양희우, 정진숙
마케팅 | 정혜영
펴낸곳 | 도서출판 더숲
주소 | 서울특별시 마포구 양화로16길 18 3층 (우)04039
전화 | 02-3141-8301~2
팩스 | 02-3141-8303
이메일 | info@theforestbook.co.kr
페이스북 페이지 | @ theforestbook
출판신고 | 2009년 3월 30일 제2009-000062호

ISBN | 979-11-86900-40-6 03300

이 도서의 국립중앙도서관 출판예정도서목록(CIP)은
서지정보유통지원시스템 홈페이지(http://seoji.nl.go.kr)와
국가자료공동목록시스템(http://www.nl.go.kr/kolisnet)에서 이용하실 수 있습니다.
(CIP제어번호: CIP2017030144)